AF295148

Stryge-Trines verden

Simon S. Laursen

Stryge-Trines verden

Forsiden: Ane Catrine Pedersen "Stryge-Trine", 1913. Fotografen fremgår ikke af billedet, men tid og sted taget i betragtning er det sandsynligvis Støvrings daværende fotograf Sine Brun i Jernbanegade.

© 2023 Simon S. Laursen

Forlag: BoD – Books on Demand, Hellerup, Danmark

Tryk: BoD – Books on Demand, Norderstedt, Tyskland

ISBN: 9788743030676

Tilegnet Stryge-Trines oldebørn
Ruth og Daniel

Indhold

Fra vaskekone til lokal myte   s. 11

En husholderske vender tilbage   s. 15

Gårdmandsdatter fra Aarestrup   s. 21

Præstegården og krigen   s. 29

De uægte børn   s. 39

En fattig husmandsslægt   s. 47

Barndom i krigens skygge   s. 55

Kasteljæger   s. 61

Slagtebænken   s. 73

Hjemmefra og ud at tjene   s. 83

Fod under eget bord   s. 89

Livet på heden   s. 97

En hård mand   s. 105

Bjergfolk, varsler og fanden   s. 107

Energisk og videbegærligt barn   s. 117

Et halvt pund chokolade   s. 121

Fransk vask og strygning   s. 129

Martine og den vide verden   s. 135

Stærke kvinder og familiebånd   s. 145

Livet i Gaden   s. 163

Kartofler og frikadeller   s. 173

De gamles Hjem   s. 181

Efterskrift   s.189

Noter   s. 193

Litteratur   s. 221

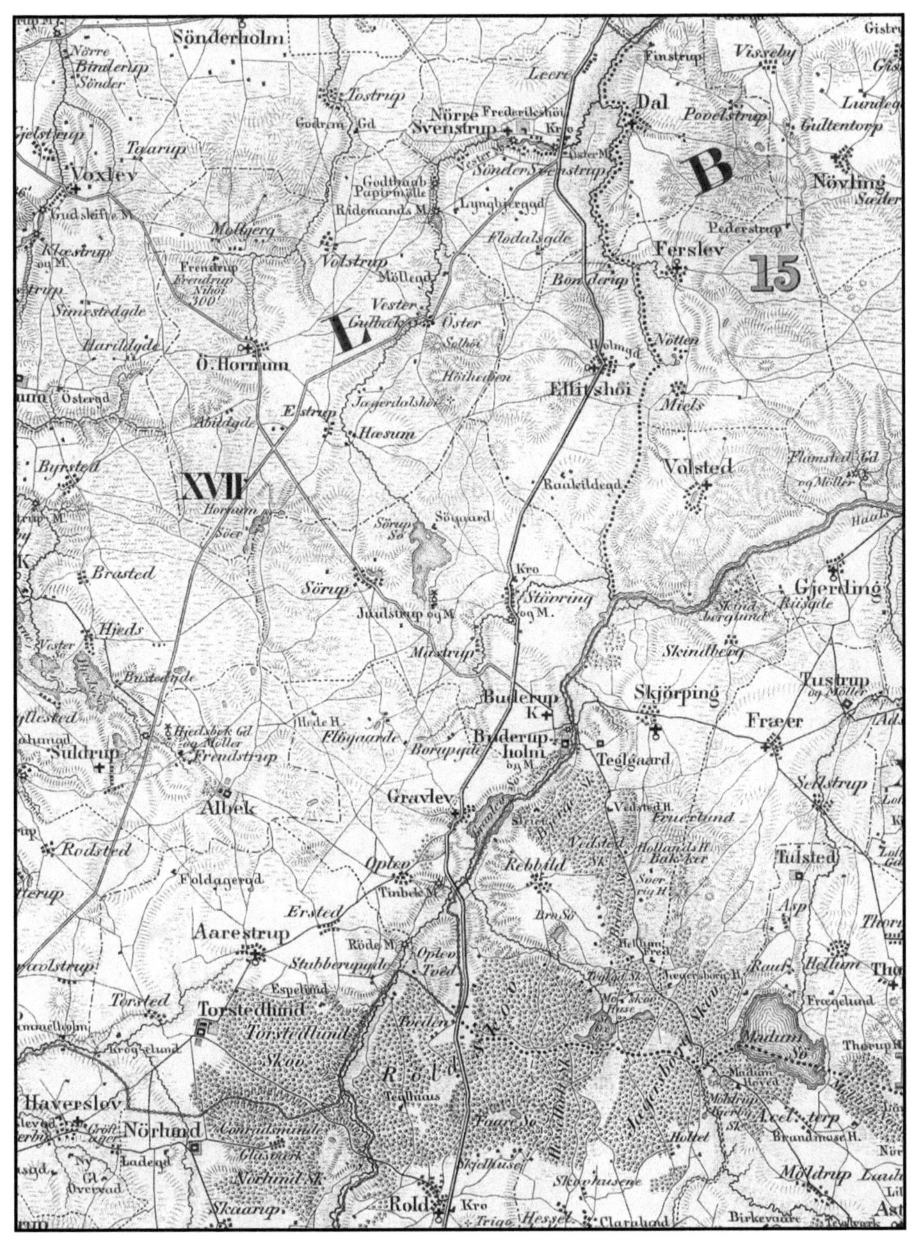

Det centrale Himmerland

Udsnit af J.H. Manzas kort 1841 (Geodatastyrelsen)

Fra vaskekone til lokal myte

Stryge-Trine blev en myte i Støvring på sin tid! Myte skal her forstås som, at alle kunne en historie om, at hun var noget helt specielt. Det siger jeg ikke fordi, hun er min oldemor, men fordi det giver mange udtryk for. Kirsten Mouritsen fra Lokalhistorisk Forening i Støvring kalder således i en artikel om hende i foreningens blad Hanen for »en personlighed«, og Asta Bundgaard Jørgensen omtaler hende i et andet nummer af samme blad som en af »det gamle Støvrings småinstitutioner$_1$«. Lokalhistorikeren Jan Bak Harder skriver i sin bog om Støvring: »Stryge-Trine var en personlighed, som har sat sine spor i nulevende stationsbybeboeres bevidsthed. De fleste, jeg har interviewet, har på et eller andet tidspunkt omtalt nu afdøde Stryge-Trine, og hun blev altid omtalt med en form for respekt. Enlige kvinder, bl.a. vaskekoner, kunne altså godt opnå en vis anseelse i stationsbyen$_2$«.

Journalist ved Aalborg Stiftstidende med signaturen Annagrethe opsøgte i 1951 Stryge-Trine i anledning af hendes deltagelse i en snak i læreren og forfatteren Hans Poulsens hjem i Støvring, som blev sendt i Danmarks Radio - et indslag der desværre ikke eksisterer mere. I sin efterfølgende artikel i avisen indleder hun: »Kommer man til Støvring og spørger, hvor Katrine Petersen bor, ryster folk på hovedet og siger: "Hende kender vi ikke", men hvis man så forklarer, at samme dame er 78 år gammel og i længere tid har haft "Fransk vask og strygning", nikker de smilende og siger: Åh, Stryge-Trine. Det kunne De bare have sagt straks$_3$«.

Jeg oplevede selv denne mytedannelse under et besøg i Støvring med min onkel i 1992. Vi gik ned af Jernbanegade for at finde huset, hvor Stryge-Trine havde boet. Min onkel havde besøgt hende i 1950, og jeg havde taget et gammelt postkort af huset med. Gadebilledet havde imidlertid ændret sig, og vi kunne ikke finde det! Vi så nok lidt fortabte ud! En ældre mand gik hen til os og spurgte, hvad vi søgte? Vi fortalte som sandt var, at vi ledte efter huset, hvor Stryge-Trine havde boet. Han livede op og fortalte, da Støvring Sparekasse ville flytte fra Sørup til Støvring - nær-

Naar „kejseren" skal have, hvad „kejseren" tilkommer

Lidt skattesnak med sntsligningsinspektør Brint-Nielsen, der vil sørge for, at folk ikke kommer til at betale for meget i skat

Naar Stryge-Trine besøger nationalmuseet...

„Konger er jo mennesker som alle vi andre," siger Støvrings „Stryge-Trine" i dette interview

15 aar i samme plads

9 mill. mere til beskæftigelsesarbejder

KØBENHAVN, 19. jan. R.B.

Studenter ved Hald økonomisk sikret

VIBORG, 20. januar. R.B.

Service for Monte Carlo-kørerne gennem Danmark

Strøg flipper i 39 aar

I gamle dage arbejdede man mere for føden

De jydske landboforeningers faglige møder

Afholdes i Aarhus 31. januar–2. februar

KØBENHAVN, 20. januar. VP.

Det er forbløffende... med

SWISS

GRUNDVANDS- og DYBVANDSPUMPER

RØR - FITTINGS og HANER

K. KJELDGAARD

JERN-, STAAL- og MASKINFORRETNING

Telf. 5250   AALBORG   Telf. 5250

A/S Christiansen & Nielsen

Trælasthandel, Aalborg, telefon 514 (5 lin.)

Fiskeri-inspektion eller forsvar?

KØBENHAVN, 19. januar. R.B.

En rigtig Himmerlands-historie

Metervarer
Damekonfektion
Kjoler
Herrekonfektion
Trikotage
Møbler
Uldgarn

TH. SPRINGBORG

GUGKALK

Knud Engsig

GUG KALKVÆRK

25 DAGES JUBILÆUMSSALG

3 nye heldige TIPSVINDERE

„SOLDATEN"

TIPS og TILBUD
i rigtigt drengetøj

Drengebluser   fra   kr. 5,00
Drenge-plusfours   fra   kr. 14,65
Drengevindjakker   kr. 28,50
Dovetine lumber-bluser   kr. 36,00
Ternede vandrerskjorter   kr. 14,50
Ternede sportsstrømper   kr. 3,85

Tage Overgaard
BISPENSGADE-VESTERAA

mere bestemt til stueetagen i huset, hvor Stryge-Trine boede på kvisten - ønskede byens spidser at diskutere sagen i fortrolighed. De valgte derfor at mødes hos hende, da de mente, at de her bedst kunne opnå diskretion. Selvom mødet sandsynligvis nok så meget handlede om, at hun fortsat skulle være lejer af kvistlejligheden, fortæller historien ganske godt om de lokales syn på hendes status[4].

Med hensyn til huset - ja så stod vi lige over for det. Det lignede absolut ikke! Vi ledte efter et hvidkalket traditionelt stationsbyhus. Dette havde røde mursten, bredt kvistvindue og store udstillingsvinduer mod gaden. Det var en blanding af boghandel, kiosk og legetøjsbutik. Forklaringen var, at Hans Krabsen i 1963 købte huset af Sparekassen, byggede det om og åbnede boghandel. Det var således inde bag ved nok det gamle hus, men det var lige så meget et helt andet hus nu[5].

Endelig vil jeg gengive en historie, som min mor havde fra Stryge-Trine selv. Samme historie er også at læse i tidligere nævnte artikel af Kirsten Mouritsen. Den lyder således: Stryge-Trine havde i en årrække sin gang på Støvring højskole. Forstander var da Jens Frederiksen. På en rejse til Paris fik han lyst til at sende et brev til hende og skrev uden på:

I Støvring i Himmerland

der bor en pige

hun stryger fransk

og taler dansk

Trine er hendes navn

håber kortet kommer i havn.

Paris den 16. august 1923

... og selvfølgelig kom brevet frem[6].

Nok om myten Stryge-Trine! I bogen her vil jeg i stedet forsøge at komme bag om mennesket Trine gennem en bred historie om hende og hendes verden - nærmere bestemt hendes liv, hjemstavn, familie, venskaber og samtid.

En husholderske vender tilbage

Vores historie om Stryge-Trines verden begynder i det centrale Himmerland halvandet år før, hun blev født - nærmere bestemt den 1. december 1871. Denne vinterdag ankom den 29-årige Maren Christendatter til herregården Buderupholm. Hun havde her en aftale med stedets enkefrue om at genindtræde i sin tidligere plads som husholderske. Et job hvor hun havde ansvaret for rengøringen af herskabernes bolig samt madlavningen til herskaberne og folkestuen. Som hjælp havde hun en stuepige og en kokkepige. Hun havde det sidste halvandet år tjent på den nærtliggende Teglgården i Skørping sogn. Det specielle ved det var, at Teglgården var ejet af Buderupholm og drevet af en forpagter. Nu vendte hun tilbage til Buderupholm, hvor hun tidligere havde været i fire år og som sagt var endt med ansvaret for husholdningen$_1$.

Buderupholm lå dengang - som nu - i naturskønt kuperet terræn omgivet af skov og enge ved Lindenborg å, som på den tid lokalt blev kaldt Buderup å. På den anden side af åen hæver Rebild Bakker sig. Herregårdens hovedbygning var en trefløjet hvidkalket et-etages bindingsværksgård, der blev opført i 1731 og som stadig eksisterer, mens avlsbygningerne blev nedrevet i 1933. Buderupholm er nævnt helt tilbage i 1200-tallet, men i ældre tid lå den ikke på sin nuværende placering. Hvor denne tidligere gård præcis lå, vides ikke. Den nærtliggende Buderup kirke har så langt den kan spores tilbage i tiden været ejet af Buderupholm. Sognets navn Buderup kan derfor godt stamme fra herregården. Gamle kilder omtaler imidlertid en nedlagt Buderup landsby. Der er da også gennem tiden flere gårde omkring herregården, hvis jord er blevet indlemmet i herregårdsjorden. Hvor den nedlagte landsby skulle have ligget vides ikke. Lokalhistorikeren Hans Gjedsted mener dog, at den måske blot var det tidligere ejerlaug Vittrup, der lå på højdedraget vest for kirken - altså nordvest for herregården. I midten af 1700-tallet blev dets marker tillagt Buderupholm og ejerlauget nedlagt. Ud over herregårdsjorden ejede Bu-

Buderupholm 1866 (Antikvarisk-Topografisk Arkiv, Nationalmuseet)

derupholm langt op i tiden en lang række fæstegårde i byerne Mastrup og Støvring i den nordlige ende af sognet₂.

Buderupholm havde som gammel herregård selvfølgelig sine spøgelser og sagn tilknyttet. En historie fra dengang Maren var der, beretter således om en stuepiges oplevelse: »... hun har i den lange gang set en dame komme om natten med en lysestage i hånden og et lys i den. Hun var helt hvid og i gammeldags klæder, og hendes hår var sat op i papillotter... Det er en jomfru, der har druknet sig en gang. Hun var frugtsommelig, og et par dage før stod hun og spejlede sig. Da sagde hun: "Ak, hvor det vil se græsseligt ud, når jeg er død og ligger sådan og smiler". Hun tog sig af med livet en dag, da herskabet var taget hen i besøg til Ellidshøj Præstegård, og så havde de ikke passet på hende«. Historien slutter med: »Da stuepigen så damen, troede hun, det var fremmede i besøg fra Kjøbenhavn, men om morgenen fik hun jo at vide, at der ingen fremmede var kommet₃«.

Var denne historie ikke dramatisk nok, varslede en anden historie undergang: »Buderupholm skal en gang synke i afgrunden en juleaften. Der er én manet der, og når den kommer så nær til, at den når gården, skal den synke[4]«. Jo der var masser historier at fortælle om den gamle herregård, når tjenestefolkene var samlet med sysler i mørkningen i folkestuen.

Den gamle godsejer Dahl var død små ti år tidligere, og sønnen Frederik havde arvet gården. Han var dog kun knap tyve år på dette tidspunkt, hvorfor hans svoger Johan Otto Vallentin forpagtede og styrede den, mens dennes bror Hans Peter Vallentin var forvalter. Derudover var der på gården en ladefoged og dennes kone. Vallentin havde selv været forvalter under den gamle godsejer, så det havde været naturligt, at han drev gården videre, til den unge arving var klar til at overtage. I mellemtiden var Vallentin blevet gift med den gamle godsejers ældste datter Christine Elisabeth[5].

Det var sådan, på den ene side af gårdporten residerede den gamle enkefru Dahl med sine to sønner Frederik og Hakon, når disse ikke var afsted for at uddanne sig. På den tid blev unge af højere stand blandt andet sendt på ophold i udlandet for at lære sprog. På den anden side af porten boede forpagteren og forvalteren. En da ung præstedatter Agnes fra den nærtliggende Juelstrup præstegård skriver i sine erindringer om herskabet på herregården på denne tid: »Gamle Fru Dahl var uhyre fed - man sagde hun vejede 350 Pund, og at hun havde været meget smuk - begge dele lyder usandsynligt ... på den anden Side Porten, hvor der var ulige morsommere, boede den ældste Datter Kirstine, smuk, rødhaaret, gift med Forpagteren af Buderupholm, den ligeledes meget smukke og elskværdige Vallentin. De var barnløse, men der holdtes Baller og Selskaber, hvor naturligvis de unge Dahler førte an«[6].

Der var uendelig langt fra herskabet til Maren og de mere end en halv snes tjenestefolk på gården. Standsforskelle var en integreret del af datidens samfund. Reelt levede herskabet på landets herregårde i deres egen verden isoleret fra tyende. De så kun stuepigen som en skygge i stuerne, når der skulle serveres ved måltiderne. Tyendeloven en lille snes år tidligere havde godt nok afskaffet husbondernes ret til fysisk afstraffelse af tjenestepiger over 16 år og tjenestekarle over 18 år, men den præciserede også arbejdsgiverne principielt havde ret til frit at disponere over tjenestefolkenes arbejdskraft og fyre dem med øjeblikkelig varsel.

Tjenestefolkene havde på deres side også rangorden. Maren i egenskab af husholderske og eksempelvis herregårdens kusk var normalt dem, som var højest i hierarkiet. På Buderupholm omfattede tjenestefolkene ud over pigerne i husholdningen og kusken bl.a. staldkarl, smed, gartner, røgtere og arbejdskarle. De havde i forhold til karlene og pigerne på bøndergårdene nogenlunde faste arbejdstider, men var til gengæld hele tiden overvåget - for pigernes vedkommende primært af enkefru Dahl og for karlenes af Vallentin, forvalteren og ladefogeden. Når der var travlt, blev husmænd og inderster (er det samme som indsiddere, hvilket vil sige, at de bor til leje i et hus eller på et værelse) fra omegnen - samt de berygtede omrejsende og ofte forhutlede herregårdsbørster - ansat som daglejere. Buderupholm var i disse år yderligere or en kort periode

Buderupholm ud til gårdspladsen omkring 1910-1930
(Lokalhistorisk Arkiv for den tidl. Støvring Kommune)

Buderupholm ud til havesiden omkring 1910-1930
(Lokalhistorisk Arkiv for den tidl. Støvring Kommune)

herregårdsmejeri, der var placeret tæt ved gården. Her boede mejerifor-
pagteren, hans familie, en mejerilærling og en håndfuld malkepiger. I
nordenden af mejeriet var gårdens smedje. Omkring herregården var
yderligere otte huse med tilknytning til den. De rummede bl.a. skovfoged,
mølleforpagter, håndværkere og daglejere. Det var således et ikke helt lil-
le samfund.

Marens yngre søster Ane Kirstine arbejdede også på gården. Hun var
kokkepige, men havde tidligere været bryggerpige, hvilket vil sige, at hun
havde varetaget gårdens ølbrygning. En vigtig funktion, da man ikke drak
vand. Brønd og mødding lå ofte tæt ved hinanden, så vandet smagte og
var helbredsmæssigt derefter. I stedet drak man øl - dog til daglig en tynd
af slagsen. Der var også tre brødre blandt tjenestefolkene Lars Christian,
Anders og Niels Peter Pedersen fra Sørup. Da Maren tog fra gården
halvandet år tidligere havde der været endnu en bror, nemlig den ældste
af dem herregårdskusken Niels Pedersen[7]. Lillesøsteren og brødrene fra
Sørup vender vi tilbage til, først lidt om hvem Maren var.

Gårdmandsdatter fra Aarestrup

Maren var gårdmandsdatter fra landsbyen Aarestrup omkring halvanden mil (en halv snes kilometer) vest for Buderupholm. Den bestod i hendes barn- og ungdom af godt et dusin gårde og lidt flere jordløse huse, som stort set alle lå i byen. Derudover var der en skole og fattighus, sidstnævnte benævnt Hospitalet, hvor der var en håndfuld fattige kaldt hospitalslemmer. Navnet kom af, fattighus i gammel tid blev kaldt hospital. Aarestrup hospital var oprettet som fundats (i dette tilfælde en fond) allerede i 1600-tallet af den lokale herremand på Torstedlund. Faktisk kaldte man generelt anbringelse af fattiglemmer i fattighuse for indlæggelse helt op til begyndelsen af 1900-tallet. Alt i alt boede der i byen på den tid omkring halvanden hundrede mennesker[1].

Maren var navngivet som traditionen bød efter sin farmor, ligesom den efterfølgende søster fik mormorens navn. De to ældste brødre i børneflokken fik bedstefædrenes navne. Hendes slægt havde generation efter generation været gårdmænd i byen. Praktisk taget alle i familiens kollektive hukommelse var født i Aarestrup og begravet på byens kirkegård. Byens gårdmandsfamilier var ret så indgiftede. Marens forældre var ud over at være ægtefolk grandfætter og grandkusine. Tryghed og sladder har helt sikkert gået tæt hånd i hånd.

Maren kom af den i byen omfattende Rebildslægt. Hendes far hed Christen Pedersen Rebild, men blev blot kaldt Christen Rebild. Historien bag navnet var, at hendes tipoldefar med tilnavnet Smed flyttede fra byen til Rebild. Hans søn - Marens oldefar - flyttede imidlertid tilbage til Aarestrup, hvor han så fik tilnavnet Rebild. Navnet holdt ved og blev udbredt i byen. Der var imidlertid to Rebildslægter, der havde hver deres stamfader. De blev dog uundgåeligt giftet ind i hinanden. I et bymundheld hed det: »I Aarrestrup var der i gammel Daw liesaa manne Ræveler, som der var Æveler; men om Etteroret ku de føst Slaw no knap nok klaa'r sæ[2]«. Hverken Maren eller hendes søskende fik dog navnet Rebild, og kun en enkelt bror fik det som tilnavn som voksen. Med tiden forsvandt slægtsnavnet helt fra byen.

Det overnaturlige var på den tid en integreret del af hverdagen i et landbosamfund som Aarestrup. Da Marens forældre var blevet gift og ventede Maren, fik de en kort tid lov at bo i den forladte gamle degnebolig. Den lå tæt op af kirkegården og rummede ud over den da 260 år gamle degnebolig en tilbygget skolestue på samlet 12-14 fag (fag er rummet mellem de lodrette stolper i bindingsværk, og et fag er normalt omkring 5 fod - altså 1,5 meter). Degnen - der på den tid havde fået betegnelsen skoleholder - var flyttet over i den nybyggede skole. Den gamle degnebolig var kendt for spøgeri. En nat vågnede de ved en rumlen og snurren på Loftet. Lyden syntes ikke at ville høre op. Marens far turde ikke gå op for at se, hvad det var. Spøgelser og genfærd var ikke noget man tog let på. Den gamle degnebolig var i øvrigt ikke meget værd til beboelse og blev nedrevet året efter[3].

Aarestrup 1873 (Tegning af Peter Petersen 'Jydepeter')

Grunden til Marens forældre boede i den gamle degnebolig - og derefter de første år af Marens liv som indsidder (de lejede sig altså ind) i et af byens huse - var, at faren som yngste søn ikke var sikret at blive gårdmand. Det var den ældste af hans brødre, der overtog deres forældres

22

gård. I stedet forsørgede Marens far sin familie som træskomager. Beskæftigelsen var på ingen måde tilfældig. Der var en veritabel træskoindustri i byen, hvor mange tjente til deres udkomme ved at skære træsko og sælge dem til opkøbere. Træet til træskoene blev skaffet i den nærliggende Rold Skov. De bedste i faget kunne på en lang sommerdag, begyndende mellem klokken 3 og 4 inden solen rigtig stod op, til den gik ned og det blev for mørkt til at arbejde, hugge og hule op mod 18 par træsko[4].

Efter nogle år med at skære træsko overtog Marens far sin svigerfar Søren Christensen Fløes gård i den nordlige del af byen. Den blev fra gammel tid kaldt Fløegården, da Fløeslægten de sidste tre generationer havde haft den. Slægtsnavnet kom af, at slægten oprindeligt kom fra Fløe ved Gravlev. Med tiden skiftede gården imidlertid navn til Lillkjær. Den eksisterer stadig og hedder stadig Lillkjær. Marens far blev dermed - som næsten alle i sin familie - gårdmand. Han blev hertil selvejerbonde, da

Lillkjær i Aarestrup ca. 1900 (Lokalhistorisk Arkiv for den tidl. Støvring Kommune)

svigerfaren havde frikøbt gården til selveje fra krigsråd proprietær Conradsen på herregården Torstedlund en halv snes år forinden[5]. De fleste gårde i byen havde været fæstegårde under Torstedlund, men blev i disse år selveje. Det var en forandringernes tid for byens gårdmænd efter landboreformerne et halvt århundrede tidligere.

Da Marens far overtog gården, blev hendes morfar og mormor aftægtsfolk på den (de afstod gården mod at blive forsørget i deres alderdom). Som lille pige havde Maren derfor sine bedsteforældre tæt på i deres aftægtsstue. Morfaren døde da hun var fem år, og mormoren døde et par måneder før hendes konfirmation. På samme måde var hendes farfar og farmor aftægtsfolk på onklens gård nede på den anden side af kirken. En sjov familiehistorie - som Maren helt sikkert har oplevet - var den intense duft i hendes farfars aftægtstue. Han holdt nemlig af at tjære sin kakkelovn, da han elskede lugten. Det skulle efter sigende have jaget ikke så få gæster bort[6]. Man kan forestille sig, at når Maren siden lugtede varm tjære, har hun tænkt på sin farfar.

Maren var blot seks år, da den første slesvigske krig brød ud - dengang bare kaldt krigen. Den udløstes af et Slesvig-Holstensk oprør i foråret 1848 mod helstaten, som de to hertugdømmer udgjorde sammen med kongeriget Danmark. Det var en nationalistisk konflikt mellem tysk- og dansktalende, som det ikke er forkert at kalde borgerkrig. I den forbindelse spredtes rygtet, at slaverne (sådan kaldtes tugthusfanger) i Rendsborg var brudt ud og drog hærgende op gennem Jylland. Rygtet voksede dramatisk, som det spredtes. I landsbyer op gennem Jylland dannede man vagtværn og bevæbnede sig med forhåndenværende våben og redskaber. I Aarestrup var Marens tidlige omtalte onkel sognefoged og samlede byens mænd på sin gård. Mange hentede deres bøsser, da det var almindeligt at gå på jagt. Da der for tiden ikke var en smed, overtalte man en tidligere smed - der nu ernærede sig som husmand - til at omdanne redskaber til våben. Der blev sendt nogle mand mod syd for at rekognoscere. Efter en lang dag og nat mistede byens selvbestaltede værn dog ud på morgenstunden den tredje dag modet og gik hver til sit[7]. Sandheden om de hærgende tugthusfanger var uden hold i virkeligheden. Maren har næppe forstået meget af det, men det at opleve de voksne være bange, må have været skæmmende.

Hertugdømmernes oprør var til gengæld virkeligt nok, hvorfor Danmark mobiliserede og gik i krig mod dem. På den ene side skyllede en voldsom nationalistisk bølge langt ind i de enkelte hjem, på den anden side oplevede en del af byens unge krig på tæt hold som soldat. Alle kendte nogen, der havde været med. To unge mænd fra byen blev såret, den ene fik en kugle gennem siden og blev invalid, mens den anden måtte gå med krykker resten af sit liv. De fik begge invalidepension. En gårdmandssøn fra den lille naboby Ersted faldt i slaget ved Isted[8].

Med hensyn til skolegang, lærte Maren næppe meget den første del af sin skoletid. Nok var der bygget en ny skole og skoleholderen Lars Peter Krabsen den første seminarieuddannede lærer i byen, men han var ifølge provstevisitatet (provstens kontrolbesøg, da kirken havde opsynspligten med skoler) både drikfældig og uduelig. Når folk skulle være høflige blev han kaldt hr. Krabsen, når han havde været ude at få for meget at drikke, var han dog bare Lars Peter. Han var trods det efterspurgt af de lokale beboere som juridisk rådgiver. Han var født i byen og sjette generation i embedet. Som uddannet var han den første der ikke blev kaldt degn - men lærer og kirkesanger. Der var omkring 60 børn fra hele sognet i skolen, men grundet gammel lokal tradition for ligegyldighed - og måske mangelfuld undervisning - var der dagligt kun det halve antal. Hertil var der omfattende pløjeferie, høstferie og kartoffeloptagferie, hvor børnenes hjælp hjemme ikke kunne undværes. Så ikke blot var undervisningen problematisk, den var for de fleste også begrænset. Lærer Krabsen gik på pension i en alder af blot 42 og døde en halv snes år senere af tuberkulose. Jens Larsen overtog stillingen som skoleholder. Han var blevet ansat året forinden som hjælpelærer. Med ham fik Maren den sidste del af sin skoletid en efter sigende dygtig og nidkær lærer, der tillige delvist fik gjort op med beboernes ligegyldighed for børnenes skolegang[9].

Om alt andet fik Maren meget god i både kristendomskundskab og opførsel ved hendes konfirmation. Det siger imidlertid ikke meget, da alle sognets konfirmander denne dag fik samme skudsmål - på nær en dreng, der måtte nøjes med ret god. Præsten betjente ud over Aarestrup også Buderup og Gravlev sogne, hvorfor konfirmanderne fra de tre sogne blev samlet i en kirke. Maren blev derfor formelt konfirmeret i sit hjemsogn, men ceremonien blev det år holdt i Gravlev kirke. Den blev tit valgt, da den lå midt mellem de to andre sogne[10].

Maren var den ældste af ikke mindre end tretten børn, der alle nåede voksenalderen. I en tid med udbredt børnedødelighed tyder det på et hjem med trods alt mad på bordet. Nok skulle børnene hjælpe til på gården fra tidlig alder, men det kunne ikke opveje de mange munde at mætte. Familien var presset af de mange børn. En søster midt i børneflokken blev således plejebarn hos en ældre onkel og tante i byen, hvis børn var flyttet hjemmefra[11]. Det at tage familiemedlemmers barn som plejebarn, når barnets mor og/eller far ikke havde mulighed/midler til at klare det, var ganske almindeligt. Reelt var det en slags adoption. Der er ingen tvivl om, at Maren som den ældste fra en tidlig alder måtte hjælpe til i hjemmet med hushjælp og børnepasning i ikke ubetydeligt omfang.

Dagligdagen var mest slidsomt arbejde, men der var også festlige stunder, som når der blev holdt liegstouw ved siden af på Damgården hos Lars Ræbild. Gårdmandsdatteren Trine Henriksen - der var lidt yngre end Maren - fortæller om dem ca. 1860, altså da Maren var omkring 18 år: »Når børnene var konfirmeret fik de sædvanligvis lov af forældrene til at gå med ... Der var en om julen, fastelavn, påskesøndag og pinse. Den største var fastelavnsliegstouw. Den tog sin begyndelse fastelavnssøndag om aftenen klokken cirka 10 og så dansede de til de skulle hjem at malke. Så sov de til middag, men samledes så igen klokken 2-3 fastelavnsmandag om eftermiddagen, og derefter gik dansen til tirsdag morgen, når de atter skulle hjem at malke. Så var de godt søvnige. Lars Ræbild havde selv en pige, der havde været med, og hun skulle også malke efter denne to dages dans. Han fulgte selv med ud i nødset (altså kostalden). Pigen faldt i søvn ved siden af koen, og Lars måtte passe på at vække

Marens mor Anne Margrete Sørensdatter og lillesøster Sine cirka. 1880

hende, når det holdt op at stritte i spanden. "Maren sover du". "Nej", råbte pigen, "a sover så let", men lidt efter malkede hun ikke igen. Lars stod stadig på den anden side af grevningen (renden bag køerne komøget samles i) og råbte: "Maren sover du". "Nej", råbte pigen, "a sover så let". Og sådan blev de ved til Maren blev færdig med at malke[12]«.

De fleste børn kom ud at tjene, når de var omkring 13 år. Grundet behovet for hjælp i barndomshjemmet, kom Maren imidlertid meget sent hjemmefra.

Præstegården og krigen

Maren var 19 år, da hun kom hjemmefra og blev tjenestepige på Juelstrup præstegård. Den lå omkring halvanden mil (en halv snes kilometer) nord for Aarestrup tæt ved Juelstrup Sø på vejen mellem Sørup og Støvring[1]. Det var en stor gammel gård, som var blevet præstegård for Buderup, Gravlev og Aarestrup sogne helt tilbage i midten af 1500-tallet. Den havde betydelig jord og var dermed lige så meget landbrugsejendom som præstegård[2]. Præsten Theodor Regius Lerche Jørgensen forpagtede dog jorden ud til sin svigersøn, som boede med sin familie i en særskilt bygning. Præsten selv boede med sin kone og seks børn i stuehuset. Gården havde ud over disse to bygninger avlsbygninger omkring en gårdsplads. Bag stuehuset var en stor have med to damme med fisk. Til gården hørte en lille fuglerig ø Tanholm i den nærtliggende Juelstrup sø, som præsten havde eneret på at samle mågeæg på. Når herskabet skulle holde fest trak karlene på gården vod i søen og fangede store geder[3].

Da præstens kald også dækkede Aarestrup, kendte han Maren i forvejen, da han havde konfirmeret hende. Ud over Maren var der godt en snes tjenestefolk på gården. Blandt dem var en ældre tjenestekarl Christen Jensen oppe fra Klim ved Fjerritslev - ham vender vi tilbage til. Da Maren havde været på gården et par år, kom ved skiftedag i efteråret 1862 en ny tjenestekarl Niels Christensen - aldrig kaldt andet end Niels Hornum. Han var ti år ældre end Maren og var fra et fattigt husmandshjem i Øster Hornum. Han kom tidligt ud at tjene, først en kort tid i Volsted og efterfølgende på Støvring vandmølle. Herefter kom han til Skørping først på Teglgården og derefter præstegården. Endelig kom han herfra til Juelstrup Præstegård[4] - også mere om ham senere.

Vi ved ikke så meget om Marens dagligdag på gården. Den efterfølgende præsts datter Agnes fortalte dog senere en historie om en tjenestepige et par år efter, som giver et godt stemningsbillede. Det var

Juelstrup Præstegård 1890-1920 (Lokalhistorisk Arkiv for den tidl. Støvring Kommune)

almindeligt, at tjenestepigerne havde mindst en bulden finger. De udtrykte sig gerne således, at »nu var der gaaet Edder i den bette Rift«. Deres behandling af skavanker kunne være de mærkeligste ting, som f.eks. spindelvæv som blodstandsende middel. Det fortælles om en »Kesten Kokkepige«, at hun stod ved komfuret med en dampende pande, hvorpå hun stegte noget, der lignede en lille ål, som hun spiste af. På madmoders spørgsmål om, hvad hun foretog sig, svarede hun med dyb alvorlig stemme, idet hun stak en bulden finger i vejret: »A æder en Hogworm, den ta'er Jedderen.« Et råd hun nok har fået af en klog kone[5].

Tiden på Juelstrup blev speciel for Maren - og for hele Danmark. Det der senere skulle blive kaldt for anden slesvigske krig brød ud. Det begyndte med en dansk politisk og diplomatisk katastrofekurs fulgt op af krigsforberedelse. På præstegården havde den tidligere nævnte Niels Hornum udtjent sin soldatertid i infanteriet små ti år tidligere oppe i Aalborg, så da den danske hær mobiliserede sidst i 1863, fik han i slutningen af november indkaldelsespas. Midt i januar 1864 befandt han sig sammen med den samlede danske hær ved Dannevirke[6]. Der var en overmodig stemning hos såvel politikere og soldater som i befolkningen, at Danmarks forsvar ved Dannevirke var uindtageligt. Man forstod hverken, at når det var frost om vinteren kunne forsvarsanlægget omgås, eller betydningen af stormagterne Preussen og Østrig var gået ind i krigen.

Den 3. februar ud på eftermiddagen oplevede Niels Hornum på forpost ved Kloster Kro nær Jagel lidt syd for Slesvig for første gang kamphandlinger. Hans regiment stod isoleret, spredt og havde ikke overblik over omfanget af fjendtlige styrker foran dem, så da mørket begyndte falde på, blev de beordret til tilbagetrækning. Under retræten var Niels Hornums kompagni bagdækning og de sidste i ilden[7]. En husmand i en tilsvarende situation på eksakt samme sted et par dage før skriver i sin dagbog: »Om Morgenen Kl. 6 den første Februar blæstes der Alarm, og vi rykkede ud paa Forpost ved Kloster Kro. Det kom mig lidt sært for, da der blev kommanderet: "Lad Geværerne!" Det var jo første Gang, det rigtigt skulde være Alvor ... Nu var Krigen altsaa virkelig begyndt ... For første Gang hørte vi nu Kuglernes Hvislen; det lød noget underligt for os, da vi jo ikke var vant til Lyden[8]«. Niels Hornum og hans kompagni slap nådigt, men han havde skudt mod andre mennesker og været udsat for skydning. Han havde fået sin ilddåb. Bagefter erfarede han, at det specielt omkring Kongshøj ikke langt væk havde det været en særdeles blodig dag.

To dage efter episoden syd for Slesvig oplevede Niels Hornum i den koldeste vinter i mands minde den danske hærs tilbagetog fra Dannevirke. I ovennævnte dagbog beskrives det: »Men Kl. 11½ blev der kommanderet: "Omkring March!" Vi marcherede da i al Stilhed og med største Forundring til de andre Kompagnier, og Regimentet blev samlet. Nu sagde vi i munden paa hverandre: "Mon vi ikke skal gøre et Udfald og storme for at fordrive Fjenden?" Men vi blev straks overbevist hvorom, da der blev kommanderet: "Højre om, March." Vi kom ned gennem Slesvig, forbi Gottorp Slot, og efter Flensborg til. Snart gik vi, og snart stod vi, for vi kunne ikke komme frem for Artilleriet; saa snart som dette gjorde Holdt, lagde vi os ned paa den glatte Vej«. Det var mørkt, snefog, islag og frøs minus 10 grader, som den stærke blæst fik til at føles som minus 30 grader. Flere soldater frøs ihjel[9].

Tilbagetrækningen kom som et chok for den danske befolkning - også på præstegården. Den danske hær splittede sig efterfølgende op. Den ene del forskansede sig ved Dybbøl, mens den anden - heriblandt Niels Hornum - skulle forsvare grænsen til selve kongeriget Danmark ved Kolding. Denne stilling blev dog hurtigt opgivet. Niels Hornums regiment blev herefter beordret til fæstningsbyen Fredericia. Foran denne var i begyndelsen af marts flere hårde og blodige kamphandlinger, som han dog blev forskånet for. Først stod hans kompagni i reserve inde i Fredericia, siden blev hele hans regiment stationeret fast derinde for at forstærke byens forsvarsanlæg. Da Østrigske soldater efterfølgende massivt bombarderede byen, var han inde i byen. Selvom bombningen kun betød få døde, var det en voldsom oplevelse at ligge inde i fæstningsvolden, mens granater og bomber slog ned omkring. Da den befæstede by ikke kunne indtages på denne måde, opgav de fjendtlige soldater og belejrede den i stedet. Midt i marts var både Dybbøl og Fredericia således belejrede, mens resten af hæren fra forsvaret af Kolding var trukket videre op i Jylland forfulgt af fjenden[10].

Maren og alle omkring hende var rædselsslagne for de preussiske soldater. Midt i april kom de! Præstegården har utvivlsomt haft tvungen indkvartering og levering af fornødenheder, da den som stor gård havde pladsen og forsyningerne. Ikke langt væk i Gunderup præstegård har daværende forpagter Peder Johannsen siden berettet om en sådan indkvartering. Her blev de preussiske officerer indkvarteret i præsteboligen med opredning på gulvet. I forpagterboligen var regimentets læge og et par underofficerer. I udhusene lå kavaleriet på et leje af halm bag deres hest. Infanteristerne lå i lader, udhuse og for de uheldigste på gårdspladsen. Der blev ikke rigtig ro om natten, så gårdens folk fik intet søvn. Om morgenen blev der sendt bud til gårdene omkring om at levere mælk eller kaffe, hvorefter der blev kogt kaffe i forpagterens gruekedel. Da preusser-

Danske soldater fra Niels Hornums regiment 1864 (Det Kgl. Bibliotek)

ne var draget videre, fløl præstegården med halm alle vegne både inde og ude[11].

Ud over indkvartering inddrog de fremmede soldater heste, foder og mad, hvortil mange gårdmænd blev beordret til at møde med hest og vogn for at køre proviant for fjenden. Generelt opførte de fremmede soldater sig dog rimeligt og betalte senere i nogle tilfælde for det konfiskerede og tvangskørslen. Hjemme i Marens barndomshjem var den ældste bror heldigvis kun 17 år, og dermed for ung til at blive indkaldt ved mobiliseringen. Fra Aarestrup kunne hun til gengæld høre beretninger om, at man forsøgte at gemme sine mest værdifulde ting. Laurs Hyldegaard havde således byens bedste heste, som han forsøgte at skjule i nogle kratbevoksede skidenenge. De blev dog fundet og taget af de preussiske soldater[12].

I april blev først Sønderborg bombet, hvorefter Dybbøl blev nedkæmpet i et blodigt slag. Det førte til, at den danske krigsminister beordrede Fredericia rømmet, for at den ikke skulle lide samme skæbne. Det var imidlertid en farefuld mission. Det ville tage tid at få soldaterne over til Fyn i de få både, der var til rådighed. Opdagede de østrigske belejre forehavendet inden da, var både soldaterne ude på vandet og de resterende soldater i byen udsatte. Den 27. april indledtes overførslen i to små dampskibe med seks transportpramme på slæb. Kort før midnat den følgende dag forlod de sidste danske soldater Fredericia, mens overførslen af materiel fortsatte indtil morgengry. Efterladte våben blev gjort ubrugelige og efterladte fødevarer, brændsel og tømmer blev fordelt mellem den tilbageblevne civilbefolkning. Tilbagetrækningen forløb uden at blive opdaget. Dagen efter indtog østrigerne Fredericia[13].

Niels Hornum og hans kompagni blev landsat på Fyn i Båring Vig, hvor de blev indkvarteret i et par landsbyer inde i landet. En uge senere blev de sejlet fra Nyborg til Frederikshavn som forstærkning for de danske styrker på den nordlige bred af Limfjorden. Niels Hornum blev her indkvarteret i Aggersund. Den 12. maj blev der indgået foreløbig våbenhvile

Fredericia i april 1864 (Nordisk Billed-Magazin - Det Kgl. Bibliotek)

efterfulgt af fredsforhandlinger. Ugen efter fik han som del af tre ældre årgange ordre om at aflevere våben og blive permitteret (hjemsendt). Han blev hjempermitteret på trods af, at der i dagsbefalingen stod, at der ikke måtte ske permission til nogen del af fjenden okkuperet område. Himmerland lå lige ovre på den anden side af Limfjorden - men var besat. Hvordan han kom tilbage til præstegården ved vi ikke[14].

Den 29. juni invaderede preusserne Als og nedkæmpede de danske forsvarsstyrker i endnu et blodigt slag. Det var et totalt nederlag for Danmark, og krigen var hermed afgjort. På trods af dette, oplevede man på præstegården en episode, som gjorde et dybt indtryk. Den 3. juli klokken fire om morgenen angreb et dansk kompagni på rekognoscering et preussisk regiment ved landsbyen Lundby, som lå omkring 3 mil (en lille snes kilometer) fra gården. Dette gjorde de på trods af flere lokales advarsel, om at det var et meget uhensigtsmæssigt sted at angribe. En dansk sol-

Tryk af affæren ved Lundby i et mindeskrift for krigen 1864

dat havde hånligt svaret: »Den Klat Prøjsere spiser vi til vor Frokost[15]«. Resultatet blev 32 døde danske soldater og 44 sårede, mens blot tre preussere blev såret, hvoraf en senere døde[16].

På Juelstrup præstegård hørte de uden tvivl mange af de lokales forfærdelige beretninger om slaget. En ung tjenestekarl Søren Uhrenholt i byen har siden fortalt, hvordan de lokale blev beordret af preusserne til at køre de døde bort: »Vejen, vi skulde køre, var strøet med døde og saarede, saa vi forsigtigt maatte dreje ud og ind for at komme frem mellem Menneskekroppe. Og her maatte vi tage Holdt for at faa læsset døde og saarede paa Vognene. ... Et Par Vogne blev læssede med Døde, andre fik de saarede, der ikke kunde gaa. De lettere saarede maatte gaa til Fods«. Da preusserne var væk, fortsætter han: »Inde paa Marken laa endnu døde og haardt saarede, som de vel ikke havde haft Tid til at samle og maaske heller ikke Vogne til at bortføre[17]«.

En uhyggelig historie blev fortalt på egnen flere år frem: »Der fortaltes, at man i flere Sommeraftener efter den Dag kunde høre som en sagte Jamren ude fra Bakken. Om Dagen hørtes intet, men saa snart Aftenstilheden indtraadte hørte man den, og Folk fra Byen var flere Gange ude at søge, om nogen saaret var glemt inde i Kornet, men stadigt uden Resultat. Da saa Rugen blev mejet, fandt man en død soldat, der i Vaande havde gravet sig halvt ned i Jorden[18]«. Det er sådan en historie, der har givet kuldegysninger i folkeholdet, når de var samlet i præstegårdens folkestue i skumringen.

Den 20. juli blev indgået ny våbenhvile og ti dage efter blev freden underskrevet. Resultatet blev som bekendt tabet af Sønderjylland. Krigen var forbi. På den anden side af høsten sidst på efteråret blev Maren imidlertid med barn, og faren? Det var såmænd den hjemvendte soldat Niels Hornum.

De uægte børn

De nærmere omstændigheder der førte til, at Maren blev gravid, ved vi intet om. Stemningen i forbindelse med krigen har rimeligvis spillet ind. Niels Hornum var umiddelbart sluppet nådigt gennem den, men han havde utvivlsom taget dens oplevelser med sig. Han havde både oplevet kugler, bomber og døde. På præstegården havde historier om krigen floreret, og hele samfundet var dybt præget af nederlagsstemning.

Marens situation resulterede imidlertid ikke i, at hun blev gift med Niels Hornum. Ifølge et oldebarn til ham var det det Maren, der ikke ville giftes. Han mente ellers, at hans oldefar »var hvad man kalder et godt parti[1]«. Denne vurdering er dog nok en efterrationalisering, da oldebarnet samtidig giver udtryk for, han ikke kunne opspore sin oldefars oprindelse. Den viste nemlig, at Niels Hornum var en ubemidlet fattig husmandssøn. Han var såkaldt uægte barn, der de første år boede med sin mor hjemme hos hendes forældre[2]. Han kendte dermed det, at være uægte barn fra sin egen opvækst. Begrebet uægte barn blev i øvrigt først omkring 1900 afløst med født uden for ægteskab.

Reelt ved vi ikke hvorfor, at Maren og Niels Hornum ikke blev gift. Forholdet hun var gårdmandsdatter og han fattig husmandssøn, kunne være medvirkende, men når det var gået galt, blev standsforskelle ofte tilsidesat. Vi er i en begyndende brydningstid, hvor nogle unge modsatte sig forældrenes bestemmelse af giftemål. Måske var det så enkelt, at Maren ikke ønskede at blive gift med Niels Hornum. Juridisk blev faren ikke automatisk pålagt - men kunne pålægges - at betale til barnets forsørgelse, men ofte blev det klaret med et engangsbeløb eller ikke fulgt op. Faren kunne også afsværge sig faderskabet. Det gjorde han dog sjældent, da det skulle ske i kirken foran lokalbefolkningen. Faderskabssager var yderst sjældne.

Inden fødslen forlod Maren præstegården og kom til en husmandsfamilie på den nærtliggende Sørup Hede. Husfaderen Niels Christensen Holmager og hans kone kom fra Vokslev og havde en halv snes år tidligere slået sig ned her. De var hverken familie til Maren eller barnets far, men de havde tre små børn, hvor den ældste kun lige var fyldt fire og den yngste endnu ikke et år, så det er sandsynligt, at Maren kunne være der mod midlertidig hushjælp og børnepasning₃.

I sommeren 1865 fødte Maren sønnen Christen - opkaldt efter sin morfar. Lovgivningen var, at barnet skulle have farens efternavn, medmindre denne var ukendt, så skulle barnet have morens. Brug af patronym (hvor barnets efternavn var farens fornavn med -sen eller -datter efter) var forladt, selvom præsten i sognet stadig indimellem brugte det. Faren blev af alle kaldt Niels Hornum - men hed i virkeligheden Niels Christensen. Hornum var et tilnavn, som han muligvis fik som soldat og som holdt ved. Det var almindeligt at kalde rekrutter ved deres hjembys navn. Christen Hornum kom fra Øster Hornum, som lå omkring en mil (godt 7 kilometer) nordøst for Juelstrup præstegård. I daglig tale blev den dog blot kaldt Hornum - ikke at forveksle med Hornum ved Aars. Jeg bruger udelukkende Øster Hornum for at undgå misforståelser. I den nyfødte Christens tilfælde var efternavnet Christensen således både efter faren og moren.

Dåben fandt sted i Buderup Kirke. Dels var Maren bundet hertil af sognebåndet, dels ønskede familien hjemme i Aarestrup næppe lokal opmærksomhed om det uægte barn. Det var påfaldende, at ingen fra Marens familie var fadder ved dåben. Tiden rummede to modsatrettede forhold. Det var en stor skam, når ens datter fik et såkaldt uægte barn - ikke mindst for en gårdmandsfamilie. Rent praktisk havde man dog et pragmatisk forhold til det, da det var ret så almindeligt. Med hensyn til faddere havde de den funktion, at de skulle holde barnet og dokumentere handlingen, men for eftertiden viser de, hvem barnets forældre omgikkes og som støttede dem. I Marens tilfælde var det husmanden - som hun boede hos - og en håndfuld tjenestefolk fra præstegården. Det var almindeligt, at tjenestefolk på en plads støttede op om hinanden. Maren havde tidligere selv været fadder for en tjenestepige på præstegården i tilsvarende situation. Blandt tjenestefolkene ved dåben var Bertel Pedersen, der året forinden var kommet til præstegården som hjemsendt dansk soldat fra krigen. Han var storebror til de tidligere nævnte fire brødre fra Sørup, som hun senere kom til at tjene med på Buderupholm. En anden var Peder Hornum, som ligeledes var kommet til præstegården året forinden fra Skørping. Han og barnets far Niels Hornum var trods fælles tilnavn ikke i familie, men var født og vokset op sammen i Øster Hornum, ligesom de havde tjent sammen på Skørping præstegård$_4$.

En ugift kvinde med et uægte barn var yderst dårligt stillet, da hun ikke havde ret mange rettigheder uden en mand. Oftest havde hun ikke andet valg end at sætte barnet i pleje. For Maren betød det, at hendes forældre hjemme i Aarestrup - trods deres skam - tog den nyfødte Christen som plejebarn. Deres yngste barn Sine var da også kun to år ældre. De var dog nedslidte, og da Christen var ti år, overtog de gamles svigersøn gården og de blev aftægtsfolk. Det ændrede dog ikke noget for Christen. Han blev der, indtil han - som normalt var - kom ud at tjene efter konfirmationen - i første omgang som tjenestedreng på en gård i den lille nabolandsby Ersted.

Christen blev i sognet, til han i en alder af 23 år blev soldat ved femte dragonregiment i Randers. Medvirkende til valget for aftjening af hans værnepligt kan meget vel være påvirkning fra hans morfar og plejefar Christen Rebild. Denne havde været dragon i Randers tilbage i 1836 og opbevarede med stolthed sit uddannelsesdiplom fra dengang$_5$. Den unge Christen blev efter sin soldatertid i den større købstad som tjenestekarl. Her mødte han en tjenestepige med eget lille værelse i en baggård i midtbyen, som han gjorde gravid. Han blev således far til et uægte barn, ligesom han selv og før ham hans far havde været uægte børn. Christen giftede sig dog efterfølgende med tjenestepigen. Han slog sig herefter ned i en ejendom midt i Randers indre by på første sal og ernærede familien som droskekusk. Med tiden fik de en håndfuld børn, og droskekusken blev

Recrut *Christen Pedersen Starestrup*
af Jydske Regiment lette Dragoner, har ved den med ham i Exer-
ceerskolen afholdte Hoved-Examen bestaaet med Tallet *172⅝*,
i Følge hvilket han ansees duelig til at træde ind i Escadronen
som vel underviist Cavallerist. — For særdeles Flid og erhvervet
fortrinlig Færdighed er ham tildeelt———Præmie af——Rbdlr.
Sølvmynt.

Randers, den *16de May 1836*.

Christen Pedersen 'Christen Rebild' uddannelsesdiplom som dragon i Randers 1836
(Lokalhistorisk Arkiv for den tidl. Støvring Kommune)

vognmand med egen hest og droske. Kørsel med hestedroske var stort set som nutidens taxakørsel. Droskerne var til offentlig kørsel for betaling med holdepladser på hovedgader og torve. Prisen for ture var faste takster reguleret af bystyret. De sidste år af sit liv levede han af aldersrente og boede med sin kone i et lille byhus i en smal gade ganske kort fra den ejendom, hvor de havde boet hele deres liv. Han døde som 80-årig af prostatakræft i slutningen af 1945[6].

Christen holdt gennem livet kontakt med sin mors familie - en kontakt som holdt til næste generation[7]. Om han havde kontakt til sin far, ved jeg ikke, men han kendte udmærket til ham, for da han kom til Randers, begyndte han at kalde sig Christen Hornum. I 1906 fik han, hans kone og børn officielt ændret deres efternavne til Hornum af byfogeden i Randers[8]. Det var en ny navnelov fra 1904, som åbnede mulighed for navneforandring en gang i livet. Man skulle blot kunne dokumentere, at navnet var almindelig brugt i flere slægtled, og i dette tilfælde var far og søn tilstrækkelig. Prisen var fire kroner.

Med Hensyn til Christens far Niels Hornum blev han på Juelstrup Præstegård til skiftedag efter fødslen, hvorefter han tog til Øster Hornum og kort efter videre til Ferslev. Her giftede han sig til et husmandssted i nabobyen Volsted med en femten år ældre enke. Han endte således i det samme sogn, som han første gang kom ud at tjene. Efter knap en snes års ægteskab døde hustruen, hvorefter han giftede sig med en næsten tredive år yngre tjenestepige, med hvem han fik en håndfuld børn. Der er intet der tyder på kontakt mellem Maren og Niels Hornum på den tid, men han kom jævnligt til Sørup hos bekendte, så de har helt sikkert kendt til hinandens videre skæbne. Han blev på husmandsstedet til sin død i 1920 i en alder af ikke mindre end 87 år. De sidste år af sit liv fik han livsvarige hædersgave for veteraner fra krigen, som var på 100 kroner om året[9]. Kort før sin død oplevede han afslutningen af første verdenskrig og indgåelsen af Versailles-traktaten. Han nåede dog ikke at opleve afstemningsresultatet om grænsedragningen og genforeningen af Sønderjylland med Danmark.

Tilbage til Maren, som efter fødslen kom tilbage på præstegården at tjene. En god arbejdskraft som kendte rutinerne var i høj kurs. Som ugift falden kvinde var hun dog ikke i en nem position. Allerede året efter gik det atter galt. Igen ved vi intet om omstændighederne, men resultatet var, at Maren igen blev med barn. Faren var denne gang den tidligere nævnte tjenestekarl på gården Christen Jensen fra Klim ved Fjerritslev. Han var en gammel ungkarl på 40 år - altså 17 år ældre end Maren - og havde været på præstegården en halv snes år, da Maren kom hertil første gang[10].

Maren forlod også denne gang præstegården inden fødslen. Hun kom ud til sin moster Ane og hendes familie i et ensomt beliggende husmandssted langt ude på Sørup hede. Det var så langt ude, at det blev kaldt Sørup Houhede, og i dag i folkemunde lokalt kaldes Sibirien[11]. Mosteren var gift med Jørgen Jensen fra Aars, som ud over at ernære familien ved at dyrke ejendommens hedejord arbejdede som snedker. De fleste af børnene var flyttet hjemmefra, men de yngste Jens Peter og Anders boede hjemme endnu.

I slutningen af året fødte Maren sønnen Jens. Navnet kan være kommet fra farens side, da der ikke var en med det navn i Marens nærmeste generationer. Efternavnet blev igen Christensen, som var morens efternavn, men også kunne opfattes som farens patronym. Fadderne ved dåben var denne gang Marens moster og onkel, deres voksne søn Jens Christian, altså Marens fætter som boede inde i Sørup med sin familie, samt Marens bror Søren Peter hjemme fra Aarestrup[12]. Marens familie deltog og støttede hende altså denne gang - hendes forældre var dog ikke mellem.

Heller ikke denne gang blev Maren gift med barnets far. Og igen ved vi ikke hvorfor. Vi ved bare, at et par måneder efter fødslen emigrerede Christen Jensen til Sverige og viste sig ikke siden. Det kan godt se ud, som han flygtede fra det hele[13]. Der skulle findes en løsning for Maren og det nyfødte barn. Hendes moster og onkel havde ikke mulighed for at

Marens onkel Jørgen Jensens husmandssted på Sørup Hede

tage det i pleje. De stod for at overdrage deres husmandssted til en datter og svigersøn, for selv at bo i en mindre del af huset i aftægt. Onklen ville så supplere aftægten med at skære træsko.

Løsningen blev, at umiddelbart efter fødslen kom Maren direkte fra barselsseng til Buderupholm at tjene, mens den nyfødte Jens kom i pleje hos en tømrerfamilie i Nordre Porthus, som var et af Buderupholms huse. Husfaderen her Christen Nielsen havde nogle år i forvejen overtaget huset efter sin svigerfar Christen Christensen Gammelholm. Hverken han eller hans kone var i familie med barnets mor eller far, så nogen har sandsynligvis betalt dem for det[14].

Jens videre færd i livet vender vi tilbage til, da en del af hans livsbane falder sammen med vores histories videre forløb. Maren på sin side blev på Buderupholm de kommende år. Hermed er vi nået frem til hendes ankomst til herregården efter et år på Teglgården. Hendes møde her med brødrene fra Sørup - i særdeleshed den yngste Niels Peter - kom da til at vende op og ned på hendes liv - men hvem var brødrene og denne Niels Peter egentlig?

En fattig husmandsslægt

De fire brødre på Buderupholm fra Sørup Niels, Lars, Anders og Niels Peter Pedersen blev aldrig kaldt andet end Bertels-Niels, Bertels-Lars, Bertels-Anders og Bertels-Peter. Navnene kom sig af, at deres far Peder Bertelsen blev kaldt Bertels[1]. Faren havde været husmand i Sørup, men var død nogle år tidligere. For at finde ud af hvem Niels Peter - altså Bertels-Peter - og hans brødre var, er en forståelse af deres slægt afgørende.

De kom af fattige husmænd og indsiddere. Ifølge familieoverleveringen var Bertels-Peters tipoldefar tyroler indvandret til Danmark flygtende fra krig. Stryge-Trine fortalte, at Bertel og hans ven Palle var flygtet fra Tyrol for at undgå krigstjeneste og havde slået sig ned på Nibe-egnen. En anden gren af slægten vil vide, at de mere præcist kom til Store Restrup herregård ved Sønderholm[2]. Det har imidlertid ikke været muligt at finde bevis på overleveringen.

Tipoldefaren Bertel Poulsen Smed var i hvert fald ikke tyroler, men grovsmed og husmand i Vokslev under Lundbæk Gods født omkring år 1700. Vokslev sogn omkranser købstaden Nibe, og sammen med de omliggende sogne var det udgangspunkt for hele Bertels-Peters slægt. Bertel Poulsen Smed var rimelig sikkert søn af Povl Ovsen Smed og Sidzel Bertelsdatter, der i mandtallet for Vokslev betegnes som en fattig smed »af slet tilstand« og »uden tjenestefolk og stadig uden kraturer[3]«.

Navnet Bertel kan således stamme fra tipoldefarens mor Sidzel Bertelsdatters familie. Skal vi tage tyroleroverleveringen seriøst, må indvandringen derfor være sket tidligere. Et godt bud kunne være under trediveårskrigen, hvor general Torstensson besatte Jylland i 1643 ved hjælp af udenlandske lejetropper. Umiddelbart inden havde hans hær kæmpet ved Wien, og mellem hans lejesoldater kunne derfor sagtens være tyrolere. Bertel var godt nok ikke et helt ukendt navn på egnen, men det var decideret udbredt i tysksprogede lande. Bertels-Peters tiptipolde-

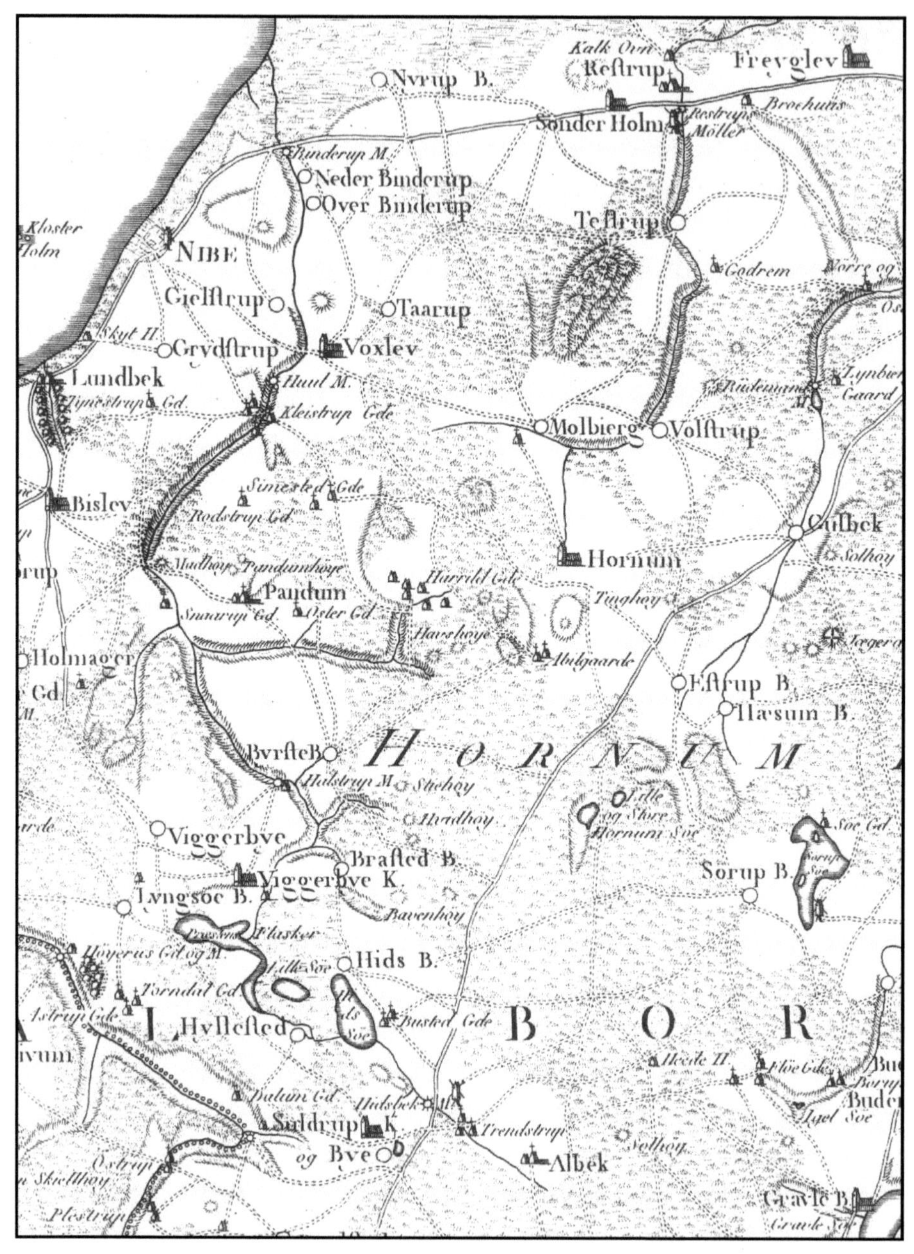

Udsnit af Videnskabernes selskabs kort over Himmerland ca. 1793 (Geodatastyrelsen)

mor Sidzel Bertelsdatter kunne derfor godt være datter af en hvervet tyrolsk lejesoldat. Det er dog vigtigt at tilføje, at det er ren spekulation, da der som sagt ingen kilder er på det[4].

I næste generation var Bertel Poulsen Smeds søn Palle Bertelsen - hvilket vil sige Bertels-Peters oldefar - husmand i Vokslev. Han var om end endnu mere fattig end sin far og endte sit liv som almisselem. Næste generation igen Bertel Pallesen - altså Bertels-Peters farfar - fik tilnavnet Rytter, fordi han havde været soldat ved 2. Jyske rytterregiment. Efter endt soldatertid blev han gårdmand i Sønderholm mellem Nibe og Aalborg i landboreformernes omvæltningstid, blot for at miste gården igen omkring statsbankerotten og den efterfølgende krise. Han endte herefter som husmand og fisker i sin slægts hjemsogn Vokslev[5].

Ved den følgende generation er vi fremme ved Bertels-Peters far Peder Bertelsen - altså Bertels. I 1835 var han ung tjenestekarl i Hæsum syd for Vokslev. Her mødte han en fattig væverske Maren Kirstine Nielsdatter, som han giftede sig med og slog sig ned sammen med på et husmandssted i Øster Hornum. Her fik de børnene Bertel - det var ham som Maren senere mødte på Juelstrup Præstegård - og en lillesøster Else. Det var svært at brødføde familien som husmand. Tiden efter krigen, statsbankerotten og den efterfølgende krise i starten af århundredet betød en økonomisk og social barsk tid. Det var yderligere efter landboreformerne svært for husmænd og landarbejdere at få nok jord til, de kunne leve af den[6].

Nøglen til historiens videre forløb er Bertels otte år yngre bror Anders Bertelsen. Efter at have tjent nogle år først i omegnen af sit fødehjem og derefter i Simested ved Aarestrup, blev han i 1834 tjenestekarl hos gårdmand Anders Vindblæs på Enggården i Sørup. Da denne solgte gården to år senere, kom han videre til Stokkildegård i byen som gårdbestyrer for den tidligere ejer Niels Christensen Uttrups enke[7]. I denne egenskab deltog han i bystævne med de øvrige gårdmænd, idet møder og alt juridisk var forbeholdt mænd. Det gav ham en masse værdifulde kontakter i lokalsamfundet. Det er ikke usandsynligt gennem en sådan kontakt, at han har fundet ud af, en af byens gårdmænd var villig til at sælge to mindre jordstykker midt i byen skråt over for hinanden med tilhørende hus. Denne information har han så kunne give videre til sin bror Bertels.

Før vi går videre, er det vigtigt at forstå, at handel med ejendom i Sørup på denne tid havde helt andre forudsætninger end for sognets to andre byer. Mens stort set alle gårde og huse i Støvring og Mastrup op til landboreformerne var ejet og fæstet ud af herregårdene Buderupholm og Torstedlund, var hele Sørup ejet og fæstet ud af Aalborg hospital, der var et stort fattighus. Det var udsprunget af Helligåndsklosteret, som var oprettet i 1400-tallet og drev fattighospital frem til reformationen. Trods ændret navn og status herefter, havde det stadig omfattende jordbesiddelser helt op til landboreformerne. I 1837 var kun få huse og gårde i Støvring og Mastrup blevet selveje. Ganske anderledes var det i Sørup, da Aalborg hospital ønskede hurtige reformer. Hele byen blev derfor udskiftet i 1794, og allerede i foråret 1798 blev lavet en fælles købskontrakt, hvor alle huse og gårde blev selveje. Mange blev økonomisk pressede, men de ejede nu deres ejendom og kunne frit sælge eller udstykke$_8$.

Der var en forhistorie til huset og jordstykkerne, der var til salg, som betød en aftægt fulgte med i handlen. Ved indgangen til 1800-tallet var Jens Nielsen gårdmand i Sørup by. Han var gift med den yngre Maren Hansdatter, der var datter fra den store gamle gård Søgården nord for byen. En lille snes år inde i det nye århundrede var han blevet for gammel til at drive gården. Han besluttede derfor at sælge den til Mouritz Andersen fra Abildgårde - kaldt Mauritz - mod aftægt for ham og hans kone. Det blev en kort aftægt for Jens Nielsen, der døde allerede i 1820. Aftægtsforpligtigelsen fortsatte dog for hans meget yngre enke.

Kort efter udflyttede Mauritz gården til nord for byen, hvor den fik navnet Nørgård. Han havde dog stadig den forladte gårdtomt og gårdens gamle stuehus inde i byen, hvortil han havde erhvervet en forladt gårdtomt overfor. Dette lejede han til en ældre jordløs husmand Laurs Jensen,

Stokkildegård i Sørup, hvor Anders Bertelsen blev gårdbestyer - ca. 1900
(Lokalhistorisk Arkiv for den tidl. Støvring Kommune)

blandt andet mod afholdelse af aftægtsforpligtigelserne for enken. Da Laurs Jensens kone døde i foråret 1837, var han ikke i stand til at klare sig mere og blev almisselem. Gårdmand Mauritz overtog hus, jord og aftægt igen. Det var disse, han nu gerne ville sælge. Bertels blev enig med ham om prisen og flyttede med familien ind i huset, dyrkede jorden og overtog aftægten. Aftægtskonen Maren Hansdatter blev i øvrigt gammel og boede med familien i husmandsstedet indtil hun døde i 1846 i en alder af 72 år[9]. Huset lå ved siden af Enggården, som lå - og i dag stadig ligger - på sin oprindelige plads fra før landboreformerne.

Landsbyen Sørup lå omgivet af hede og mose ved den gamle vej mellem Viborg og Støvring med en tilsluttet vej nordpå til Nibe. Det var ikke veje i moderne forstand, mere hvad vi vil kalde dårlige markveje. Viborgvejen blev først anlagt som regulær grusbelagt landevej mere end en snes år senere. Byen bestod af en halv snes gårde, hvoraf op mod halvdelen efterhånden var udflyttet. Nogle af dem var dog kun flyttet ganske kort uden for den gamle bykerne - heriblandt Stokkildegård. Derudover var der godt en snes huse, hvor knap halvdelen lå ude på heden. Der var på denne tid enkelte håndværkere som smed, hjulmand, tømrer og

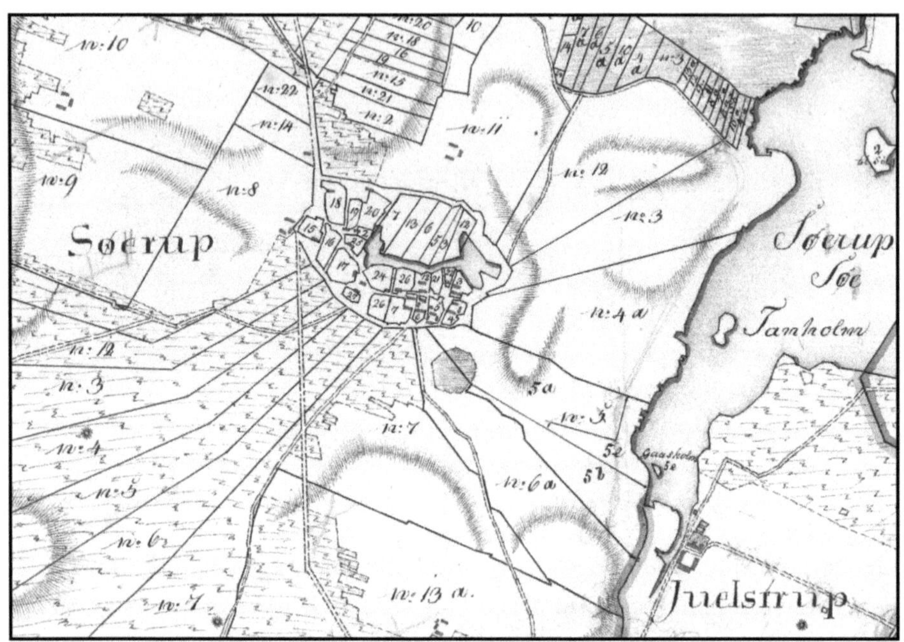

Anders Bertelsen Stokkildegård mat. 8 , Mouritz Andersen Nørgård mat. 11
og Peder Bertelsens 'Bertels' jordstykke til husmandsstedet mat. 26.
Udsnit af sognekort over Buderup Sogn ca. 1816 (Geodatastyrelsen)

brøndgraver. En høker (lille købmandshandel) kom først til en halv snes år senere. Endelig var der en landsbyskole med en skoleholder og hans kone. Alt i alt var det et lille samfund på omkring halvanden hundrede mennesker[10]. I middelalderen havde byen haft egen kirke med en stor kirkegård nordøst for den op mod mosen og Søgården. Der kunne stadig dukke knoglerester op her ved markarbejde. Kirken var dog blevet nedrevet i årene efter reformationen (1536) og gravene sløjfet. Af kirken var kun byggetomten tilbage. I stedet var byen blevet en del af Buderup sogn[11]. Det gav imidlertid en vis stolthed, at Sørup engang havde været sogneby.

Bertels bror Anders Bertelsen overtog med tiden Stokkildegård, som han havde været bestyrer på. Han blev en central person i lokalsamfundet og valgt ind i det nyoprettede sogneforstanderskab, som var forløberen for sognerådet og dermed sognekommunen. Her blev han ligsynsmand og fattigforstander - altså formand for fattigudvalget[12]. Det skal her nævnes, at valgret og valgbarhed til sogneforstanderskabet kun var for mænd, der ejede mindst en tønde hartkorn eller forpagtede en ejendom på mindst seks tønder hartkorn (hvilket var et mål for jordens vurderede bonitet - altså jordens ydeevne - som ikke må forveksles med måleenheden i areal tønder land). I en landsby som Sørup kunne kun gårdejerne opfylde disse krav og vel at mærke kun mænd. Selvom en enke kunne eje en gård der opfyldte kravet, kunne hun ikke stemme. En fattig husmand som Bertels havde kun en brøkdel af den nødvendige jord. Det betød også, at når landsbyen mødtes for at drøfte et eller andet, omfattede det præsten, gårdmændene og skoleholderen. Det var derimod aldrig kvinder, håndværkere, husmænd, landarbejdere eller fattige. En undtagelse var dog som tidligere nævnt en tjenestekarl, der var gårdbestyrer for en enke, som ejede en gård der opfyldte kriterierne.

Socialt var der blevet uendelig langt mellem den fattige husmand Bertels og den indflydelsesrige gårdmand Anders. Hvor Anders havde 80 tønder land, en gammel hest og en stud, havde Bertels under en tønde land og næppe nogen trækkraft. Han måtte forsøge indimellem at låne en hest eller stud, ellers var eneste alternativ håndkraft. En formildende omstændighed var, at der næppe kan have været ret meget hede tilbage på Bertels gamle gårdtomter. Han levede af sin jord, men har haft svært ved at brødføde familien, så supplerende beskæftigelse har været helt afgørende i forsøget på at holde sulten fra døren. Bertels var fattig husmand, som slægten havde været det i generationer. Omvendt var det lykkedes Anders at bryde den sociale arv i et samfund med uhyre lav social mobilitet. Trods det dybe sociale skel var gårdmanden Anders fast fadder for husmanden Bertels børn[13].

Barndom i krigens skygge

Den første halve snes år i Sørup klarede Bertels og hans familie sig øjensynlig rimeligt og fik yderligere tre børn Niels, Anders og Lars. Men så døde Bertels kone Maren Kirstine af brystsvaghed, hvilket var lungebetændelse eller lungetuberkulose[1]. Sandsynligvis i forbindelse med besøg hos en ældre bror i Vokslev, blev enkemanden opmærksom på en tjenestepige på Klæstrup Mølle Mette Kathrine, som var femten år yngre end ham. Ægteskab var på den tid ofte bestemt af praktiske forhold frem for romantik. Bertels manglede en husmor i hjemmet, og den 30-årige ubemidlede Mette Kathrine fik mulighed for en stabil tilværelse. Et lille halvt år efter at han var blevet enkemand, blev de gift[2].

Halvandet år efter blev Niels Peter født - altså Bertels-Peter. Han var øjensynlig svagelig og blev hjemmedøbt. Svagelige børn blev hurtigt hjemmedøbt, så de kunne få syndernes forladelse, hvis de ikke skulle overleve. Han klarede sig imidlertid. Et par år senere fulgte tvillinger, hvor kun en overlevede. Den overlevende lille pige fik navnet Maren Kirstine efter farens første kone - men døde allerede samme efterår af kighoste. Et år senere fik de endnu en søn Palle. Han blev blot 9 år, så døde han af brystsvaghed - altså som tidligere nævnt lungebetændelse eller lungetuberkulose. Endelig fik de en lillesøster, der fik navnet Maren Kirstine ligesom den døde lille tvillingepige. Ligesom Bertels-Peter klarede hun sig. På mindre end 10 år havde Bertels og hans nye kone Mette Kathrine således fået fem børn, hvoraf kun to nåede voksenalderen[3].

I 1857 købte Bertels endnu et jordstykke. Det var igen en gammel gårdtomt. Denne ekstra jord havde han dog kun i seks år, så måtte han sælge igen[4]. Livet som husmand var hårdere og fattigere, end det i nutidens velfærdssamfund er mulig at forestille sig. Folkemindesamleren Evald Tang Kristensen - der kom rundt hos almuen i hele landet - skrev om deres livsbetingelser et halvt århundrede senere: »Der var de fleste steder kun tarveligt Indbo, og allertarveligst maa det efter mit Skjøn have været i

Hedeegnene og i Himmerland. Man kan vel af de Levninger, der endnu findes, ret vel slutte sig til, hvordan det har været[5]«. Gårdmændenes kår var forbedret efter landboreformerne, men husmænd, inderste og daglejere på denne tid levede på sultegrænsen - oftest på den forkerte side. Mangelsygdomme var udbredt og resulterede i såkaldt kummerformer, som var gigt, indsunket bryst og mindre vækst, hvilket gav en ludende sammensunken holdning[6]. Et husmandspar på mellem 40 og 50 år lignede ofte oldinge. Epidemier hærgede, hvor især tuberkulose var udbredt - benævnt som tæring, svindsot eller brystsyge. Tuberkulose var en udpræget fattigmandssygdom.

Der var dog også epidemier, som ramte høj som lav. Bertels bror gårdmanden Anders stiftede således bekendtskab med en sådan, da han som gårdbestyrer, hjalp at passe gårdens syge datter, som var smittet med sprinklen også kaldt forrådnelsesfeber, hvilket dækkede over plettyfus. Hun døde, og samme år døde efter sigende elleve af byens mænd af

Typisk eksempel på lokalt husmandssted, her Sørup Søhus ca. 1910
(Lokalhistorisk Arkiv for den tidl. Støvring Kommune)

sygdommen. Det skønnes, at omkring halvdelen af ubehandlede smittede med tyfus døde. Måske havde Anders været smittet, for han led så meget af hovedpine, at »han ikke kunne tåle at age på en stiv vogn«. Der var ikke meget, som almindelige folk kunne gøre mod sygdommen. Anders havde dog fået et godt råd af en gammel kone: »Ja, du tror, du er en vældig karl, men hvis du ikke sørger for at blive åreladt en gang om året, bliver du en svækling«. Han sørgede derfor jævnligt for at blive åreladt[7]. Det skal hertil siges, at opsøgte man en læge, var det første denne oftest gjorde åreladning uanset sygdom.

En af de mest frygtede og dødelige sygdomme kopper var til gengæld stort set udryddet. Efter en række koppeepidemier i begyndelsen af 1800-tallet blev vaccination i 1810 indirekte lovpligtigt. Forstået som, den enkelte skulle dokumentere, de havde haft sygdommen eller var vaccineret. I modsat fald kunne de ikke blive konfirmeret, viet, gå i skole, få læreplads eller aftjene militærtjeneste. Turen til distriktslægen i Nibe var derfor blevet lige så fast for familien som dåben i kirken. Krav om vaccination mod kopper blev i øvrigt først ophævet i 1978[8].

Bertels-Peter var blot 10 år, da krigen i 1864 brød ud. Hans ældste storebror Bertel var imidlertid 24 år og allerede nede i konfliktområdet som soldat - mere om ham senere. Bertels-Peters øvrige brødre Bertels-Lars, Bertels-Anders og Bertels-Niels var henholdsvis 15, 19 og 21 år. Da aldersgrænsen for mobiliseringen af våbenføre mænd var, de skulle være fyldt 22, blev de ikke indkaldt. Bertels-Niels var dog mindre end tre uger fra at have alderen[9]. Med storebror Bertel nede i krigen og de voksnes angst for de fremmede soldater var krigen tæt på for Bertels-Peter. Blandingen af spænding og utryghed i krydsfeltet mellem lille og stor dreng har været en udfordring.

Da de fremmede soldater under deres femrykning kom til Sørup, var det fattige husmandshjem ikke attraktivt for indkvartering. Bertels-Peter hørte dog helt sikkert følgende historie fra hans to år ældre kusine Mette Marie ovre fra onkel Anders gård: »... vi fik indkvartering af tyske soldater i

Støvring gamle Skole omk. 1900 (Lokalhistorisk Arkiv for den tidl. Støvring Kommune)

Støvring Skole, hvor jeg tjente hos lærer Mosbeck. Hans kone og jeg gav os til at græde af angst for fjendens soldater. Jeg var kun 13 år dengang, men jeg husker så tydeligt endnu, at en af soldaterne gjorde os forståeligt, at vi slet ikke behøvede at græde, da de ikke ville gøre os noget ondt. Det passede, men vi var dobbelt angst, fordi læreren var i København og ikke kunne komme hjem på grund af krigen. Soldaterne blev indkvarteret over alt i skolen, vi havde kun et soveværelse og spisekammeret for os selv, og deres mad blev kogt i gruekedlen. Det var storartede og flinke mennesker, selvom de var landets fjender[10]«.

Skolerne blev under krigen i det hele taget ofte udtaget til at levere naturalier og/eller indkvartering til de fremmede soldater. Sørup skole - hvor Bertels-Peter gik - var sandsynligvis ingen undtagelse. Skolen lå lige nord for byen på vejen til Øster Hornum. Den var relativ ny, idet den en halv snes år tidligere havde afløst den gamle skole inde ved byen. Den gamle skole var da solgt til Niels Nielsen Bech, der nu drev husmandsbrug og høkerhandel fra den. Der var også lidt jord til den ny skole, så læreren kunne supplere sin indtægt med jordbrug ved siden af lærergerningen[11].

I Bertels-Peters første skoleår før krigen var Christen Kjær nyansat skolelærer. Der var det specielle for den lille skoledreng i de år, at hans storesøster Else boede på skolen og var tjenestepige for læreren og hans familie - det vil sige kone og to små børn. Lærer Kjær og hans kone kom oppe fra Hune ved Blokhus i Vendsyssel, og de savnede øjensynligt deres hjemegn. Når præsten i forbindelse med dåb indførte lærerfamilien som faddere i kirkebogen, opgav de altid deres hjemsted som Hune, selvom de boede på Sørup skole. I 1864 tog de konsekvensen, da lærer Kjær søgte og fik en stilling som skolelærer i Halvrimmen ved Brovst. Med hensyn til storesøster Else var hun året inden taget videre til en plads som tjenestepige i Hals oppe ved Limfjordens munding[12].

Bertels-Peter fik i stedet lærer Niels Christensen Vestergård resten af sin skoletid. Han var en hel anden type. Han var ældre og kom fra Voldum

Lærer Vestergaard og elever foran Sørup skole omkring 1895
(Lokalhistorisk Arkiv for den tidl. Støvring Kommune)

nede ved Randers. Inden han blev lærer, havde han først været forpagter af en gård på Sjælland og derefter kromand nede omkring Mariager fjords udmunding. Som skolelærer begyndte han sin lærergerning i Rebild. På Sørup skole blev han dog, til han blev pensioneret i 1890erne[13].

Omkring 12-13 årsalderen rindede barndommen ud for fattige husmandsbørn, som da stort set alle kom ud at tjene. Det gjaldt også Bertels-Peter. Inden da først lidt mere om hvad der skete med storebror Bertel under krigen.

Kasteljæger

Bertels-Peters ældste bror Bertels deltagelse i krigen i 1864 er historien om krigens optakt, karakter og efterfølgende folkelige traume. Historien begyndte den 30. maj 1859, da Bertel ankom til kastellet i København til militærtjeneste i daværende 1. jægerkorps kaldt Kasteljægerne. Enheden var oprettet i 1842 som let infanteri, der havde skydefærdigheder og kunne gå forrest i slag. De havde som sådan deltaget i den første slesvigske krig i slagene ved Fredericia og Isted. Hans tjenestetid var 16 måneder. Jægerkorpsets uddannelse, udrustning og taktik havde på den tid bredt sig til at blive almindelig i den øvrige hærs infanteriuddannelse, så i løbet af hans tjenestetid blev korpset omdøbt til 20. infanteribataljon. Den regnedes dog forsat for at være en af den danske hærs eliteenheder[1].

For Bertel betød det ikke bare nyt navn, det var også ny uniform. Som kasteljæger havde han haft grøn uniform, som skilte sig markant ud fra den øvrige hær. Nu fik han i stedet udleveret infanteriets mørkeblå frakke og lyseblå bukser. Han beholdt dog de lange sorte støvler, tornyster, bælte med to patrontasker, feltflaske og en hirschfænger, som var en kort sabel. Geværet var også fortsat en forlader tapriffel med tilhørende lang tynd bajonet[2]. Skarp ammunition fik de først udleveret ved skydetræning - og senere ved placering i indsatsområder.

Konflikten mellem Danmark og det tyske forbund om Slesvig-Holsten eskalerede i disse år. Bertels blev derfor genindkaldt i foråret 1861 og med regimentet sendt til Slesvig. Herfra blev de sidst i september sendt videre til garnisonen i Altona i Holsten, hvor de samme med 9. infanteribataljon blev stationeret. Altona var den danske helstats yderste grænse tæt ved byporten til den tyske storby Hamborg. De danske soldaters opgave her var at forhindre oprør. Der var på det tidspunkt dog roligt i Holsten, så snart blev han sendt hjem igen som frimand - hvilket vil sige midlertidig hjempermitteret soldat.

Dansk Infateri-soldat 1864 (Nationalmuseet)

I marts 1863 vedtog den danske regering at udskille Holsten og Lauenborg fra helstatsforfatningen, hvilket var en optrapning af konflikten. Bertel blev derfor i maj atter indkaldt til garnisonen i Altona. Der var stadig relativ roligt i byen, men den 25. juli opstod optøjer i byen, hvor han og soldaterne i blev kommanderet ud for at hjælpe politiet. Årsagen var, at de danske myndigheder havde forbudt befolkningen at lægge kranse på gravene for de faldne oprørere i sidste krig. Optøjerne varede i tre dage, hvor store skarer drog brølende og syngende gennem gaderne. Det førte til direkte konfrontationer mellem befolkning og soldater.

Det var herefter igen rimelig roligt. I august marcherede hele bataljonen den lange vej til Dannevirke for at deltage i en kongerevy. Det var et optog, hvor kong Frederik den 7. på en hvid hest iført gylden hjelm og lange gule handsker skulle ride i spidsen for hæren. Bertels regiment marcherede lige efter fodgarden og dermed musikken. Regnvejr tog dog noget af glansen af scenariet.

Den 16. november ændrede alt sig dramatisk. Altona-garnisonens soldater blev om eftermiddagen kaldt sammen på eksercerpladsen, hvor de fik beskeden, at kongen var død. Bertel og de forsamlede soldater aflagde herefter ed til den nye konge Christian den 8. Kongeskiftet fik en gammel arvefølgestrid fra sidste krig til at blusse op mellem Danmark og hertugdømmerne. Den følgende tid var der uroligheder inde i Hamborg, og i Altona konfiskerede de danske tropper en stor mængde rifler, som skulle være brugt til oprør. Samtidig rapporteres om preussiske tropper nede ved Lübeck₃.

Sidst i november blev hele den danske hær mobiliseret, og i begyndelsen af december ankom en stor mængde nyindkaldte til garnisonen. Bertel og hans kammerater fik derfor besked på, at de var blevet reorganiseret. Deres bataljon blev ændret til 20. regiment, som sammen med 9. regiment skulle udgøre den senere legendariske 8. brigade. Regimentet havde med mobiliseringen vokset til fuld krigsstyrke på 16.000 mand og ville derfor blive inddelt i to bataljoner. Lige lidt baggrundsviden om hæ-

Danske tropper forlader Altona før daggry julemorgen 1863
(Illustrated London News 9. januar 1864)

rens struktur for at forstå dette. Den nære enhed - som den enkelte soldat var knyttet til - var kompagniet, som bestod af 150-200 mand, som i konkrete situationer kunne operere i mindre delinger. Der gik fire kompagnier på en bataljon. Regimentet var derfor vokset fra 4 til 8 kompagnier. Bertel havde siden sin rekruttid været fast i 1. kompagni, men blev sammen med en håndfuld erfarne soldater nu flyttet til det nyoprettede 5. kompagni. Han var dog stadig i samme bataljon som sine gamle kammerater i 1. kompagni$_4$.

Midt i december blev lazarettet og depoter evakueret fra Altona. Lidt før daggry julemorgen forlod Bertel og de hans regiment som de sidste. Inden afmarchen fik de af frygt for optøjer ordre om at lade geværerne med skarpt. De havde siden situationen spidsede til haft 60 skarpe patroner i patrontaskerne. På vej ud af byen begyndte beboerne at hænge Slesvig-Holstenske flag ud i gaderne, og dagen efter rykkede tyske tropper ind. Nytårsdag ankom de til Slesvig by, der lignede en overfyldt lejr af soldater. Hele den mobiliserede danske hær var ved at samle sig.

Betels regiment blev frem til 1. januar indkvarteret i Hadeby syd for Slesvig by ved Bustrupstykket af Dannevirkevolden, som af overkommandoen blev kaldt Saksarmen, men af Bertels kammerater fik kælenavnet Gibraltar. Det var den østligste del af forsvarsvolden ud til Hadeby Nor. Hadeby er nok bedst kendt som vikingetidens Hedeby, mens den i dag hedder Haddeby. Opførelsen af barakkerne som de skulle bo i var forsinkede, så deres indkvartering var ikke optimal. Tiden gik med at save og hakke render i isen i Slien og Hadeby Nor på 30-40 fods brede (små 10-12 meter) for at hindre en fremtrængende fjende. Det var et sisyfosarbejde, da renderne om natten frøs til igen. Brigadeadjudanten udtrykte det medfølende: »Vore stakkels Soldater led meget under dette Arbejde; men det maatte gøres.« De fik også ordre på at lave afsatser i volden til skytter, samt sløjfe jordvolde og rydde hegn i terrænet foran. Den strenge frost gjorde jorden så hård, at deres spader knækkede, så de måtte bruge hakker. Frem til den 20. januar var der gennemsnitlig 7 til 8 graders kulde om dagen, en-

Savning og hakning is i Silen ved Dannevirke 1864
(Carl Neumann - Det kongelige bibliotek)

kelte dage endog ned til mellem 15 og 16 - og om natten som regel mere. Herefter var der heldigvis plusgrader nogle dage[5].

Lidt om forplejningen i denne periode. Bertel og hans kammerater fik dagligt udleveret en brødportion og en middagsportion. Brødportionen bestod af 750 g. blødt rugbrød, som i nødstilfælde blev erstattet af 500 g. hvedekiks. Middagsportionerne varierede fra dag til dag, men reelt var der to menuer. Den første bestod af 250 g. fersk oksekød, 2 dl. byggryn, 11 g. salt og 1,5 dl. brændevin. Den anden bestod af 250 g. saltet flæsk eller saltet kød, 2 dl. gule ærter og 1,5 dl. brændevin. De soldater der ikke ville have brændevin kunne i stedet få udleveret 2 skilling, 10 g. kaffe eller 12 g. puddersukker. Skulle de have mere, måtte de betale for det hos regimentets marketendere. Der solgte de skænket kaffe og te, sukker, kogt eller stegt kød, hvedebrød, smør, ost, øl, eddike, peber, sennep, salt og

Bustrup skansen 1864 (Charles Eduard Junod - Det kongelige bibliotek)

tobak. Foruden disse fik soldaterne her udleveret sysæt, sæbe, pudsemidler og blår, som soldaterne brugte når de pudsede geværer$_6$.

Den 1. februar 1864 overskred preusserne og østrigerne Ejderen og krigen brød ud. Bertels regiment marcherede ud til den højtliggende Kongshøj syd for Slesvig by, hvor de skulle stå forpost. Forsvaret af højen var vigtig, for hvis fjenden erobrede den, kunne deres artilleri stå her og skyde ned mod Dannevirke. Ved ankomsten blev der kommanderet »Holdt« og »Lad gevær« og uddelt feltråb. Alle var klar over, nu var det alvor. De der i turnussen ikke stod på forpost, blev indkvarteret i nogle forladte gårde. Det var smukt klart vintervejr med 6 graders frost, »men hvem havde Sans for Vejret?« som brigadeadjudanten udtrykte det. Det gjorde alle dog dagen efter, hvor det var øsende regnvejr og stærk blæst, da de rykkede ud på forpost. Igen med brigadeadjudantens ord: »Folkene led meget; de kunde hverken sidde eller ligge paa den drivvaade Jord og maatte gaa frem og tilbage for at holde Varmen$_7$«.

Den 3. februar blev skelsættende for Bertel, så lad os dvæle lidt ved denne dag. Om morgenen var hans kompagni forpostreserve ved landsbyen Vedelspang bag ved Kongshøj, da de om morgenen fik melding om danskerne dagen før havde slået et preussisk angreb tilbage ved Mysunde. Jublen hos de forsamlede soldater ville ingen ende tage og skabte en overmodig stemning. Omkring middag kom Bertels kompagni frem på forpost på selve Kongshøj. En god times tid senere erfarede de, at østrigerne havde angrebet ved Nedre Selk et stykke foran højen. Planen var, at kunne de danske soldater her ikke holde fjenden tilbage, skulle de rykke tilbage og samlet forsvare Kongshøj. Sådan gik det bare ikke!

Den danske overkommando mente nemlig, at fjendens angreb ville blive i morgengryet, så de skønnede derfor her ved middag, at der ikke ville blive mere denne dag. Angrebet kom derudover midt i afløsningen, som der havde været brist i kommunikationen omkring. Efter hårde kampe blev danskerne relativ hurtigt slået tilbage i voldsom uorden udenom og om bagved Kongshøj. Østrigerne angreb herefter med generalstabens ord »med hidsighed« selve højen. Her stod kun Bertel og fire kompagnier. Det var første gang han for alvor stod ansigt til ansigt med krigen. Sammen med de forsvarende danske soldater ved højen, gik han til modangreb med bajonetter. Terrænet var gennemskåret af dybe hulveje og uoverskueligt at kæmpe i. En af de danske soldater beskriver det senere: »Saa begyndte vi at skyde paa Østerrigerne. Vi kom saa nær paa hinanden, at Geværerne kryssedes over et Dige. Det gik frem og tilbage en Tid, indtil vi stod bag ved Voldene, som Østerrigerne tre Gange prøvede paa at storme; men de blev slaaet tilbage«. Det lykkedes dog kun kortvarigt at standse den talmæssigt overlegne fjende, så måtte Bertel og de danske soldater trække sig med betydelige tab til følge.

De trak sig herefter tilbage til Danevirkevolden ved Bustrup. Østrigerne forsøgte i deres overmod efter sejren på Kongshøj også at angribe stillingen her. Bertel oplevede som forsvarer i første linje nu krigens gru-

Østriske tropper stormer Kongshøj 3. frebruar 1864
(Arkivet ved Dansk Centralbibliotek for Sydslesvig)

somhed. En dansk soldat gav senere denne øjenvidneberetning: »Storm-kolonnen (østrigerne) var rykket frem fra Vedelspang med fuld Musik (østrigerne og preusserne brugte ofte musikkorps i felten, som spillede opildnende marchmu-sik). Man lod Kolonnen komme ind paa nært Hold for pludselig at sende den en Regn af Geværkugler og Kardæsker (cylinder med jernkugler, der spredes som spredehagl). Der blev mange Huller i Kolonnen, der gik som en Rystelse igennem den, som om den vaklede, Musiken holdt inde, det hele standsede, men kun et Øjeblik. Musiken istemte igen sin Stormmarch, Mandskabet sluttede sammen for at udfylde Hullerne, paany gik det fremad, indtil en ny Kugleregn tvang Kolonnen til-bage til Vedelspang, efterladende mange Døde og Saarede«. Østrigerne måtte efter voldsomme tab trække sig$_8$. Bertel havde fået sin ilddåb og vel nær-mest den voldsomst tænkelige.

Hvor grænseoverskridende en sådan ilddåb var, illustreres af en op-levelse 8. brigades adjudant - den senere brigadegeneral H. Holbøl - hav-de: »Jeg mødte straks efter Obersten (20. regiments chef oberst Scharffenberg). Der indtraf nu en lille Episode, som var ganske karakteristisk for ham. Som det vel altid gaar, naar en Afdeling første Gang er i Ilden og saaledes faar sin Ilddaab, var der nogle Menige, som søgte tilbage over Markerne paa begge Sider af Vejen for at undgaa nærmere Bekendtskab med de ubehagelige Kugler. Obersten spørger mig, hvor de Folk skal hen. Da jeg svarer ham, at det er Marodører (er fransk og betyder efternøler - brugtes i hæren om en soldat der trækker sig), opfordrer han dem til at vende om og gøre deres Pligt. Kun faa adlyder. Obersten sporer sin Hest, sætter i et Spring over Vejgrøften, griber sin Pistol og jager i Galop ind paa nogle Folk, der stadig flygter tilbage. En Mand kaster sig i Angst paa Knæ foran Hesten. Obersten skyder, men skyder kun Huen af ham. Han vilde kun give ham og hans Kammerater en alvorlig Advarsel. Det hjalp; de ilede alle igen mod Fjen-den. Vi saa aldrig senere Marodører ved Brigaden$_9$«.

Brigadeadjudanten oplevede også en anden reaktion på ilddåben: »Paa Tilbagevejen fra Hadeby saa jeg en Soldat ligge bag en Jordvold. Jeg spurg-te ham, hvorfor han laa der; han svarede, at han var „saa saaret". Paa mit Spørgsmaal, hvor han var saaret, svarede han først, at del var i Maven, derpaa, at det var i Benet, og da jeg forlangte at se Saaret, maalte han indrømme, at han kun led af Buksefeber (dagligdagsudtryk på den tid for at være bange). Da denne Sygdom plejer at sædte sig i Maven, var hans første Svar for saa vidt rigtigt. Jeg skammede ham ud og fik ham til at gaa tilbage til sin Afdeling og gøre sin Pligt[10]«.

Lige så grænseoverskridende var at opleve de sårede og døde. Brigadeadjudanten beskriver et besøg under slaget på et feltlazaret: »Da jeg gik tilbage gennem Laden, kunde jeg ikke andet end kaste et medlidende Blik paa de mange, der laa her og allerede havde ofret Livet for Fædrelandet. En af de døende sendte mig et inderligt vemodigt og bønfaldende Blik, som om jeg kunde hjælpe ham. Det Blik glemmer jeg aldrig. Men hvor dybt Indtryk Synet af de mange Saarede end havde gjort paa mig, fortog det sig dog snart under Begivenhedernes Gang og havde ikke den uheldige Indflydelse paa mig, som jeg havde frygtet[11]«. Krigen både hærdede og forråede!

Aftenen og natten efter slaget var ifølge brigadeadjudant Holbøll ikke nem: »Forholdene gjorde det nødvendigt, at Brigaden maate bivuakere i Stillingen hele Natten. Det var en drøj Nat for Folkene; de fik kun en Reserveportion, ingen varm Mad; de led meget af Kulden, der var taget til henad Aften. Brændsel havde vi ikke, men desuden var det forbudt at tænde Bivuakild. Det gjorde det ikke bedre, at Folkene straks efter Kampens Ophør saa Østrigernes Bivuakild blusse op over hele Linjen fra Slien langs Hadeby Nor lige til Kongshøj[12]«.

Den følgende dag gik mest med at forsøge hente døde og sårede foran stillingen. Bertel på sin side blev meldt syg og måtte forbi lazarettet. Det fremgår ikke af rapporten, hvad han fejlede, men det var sandsynligvis enten behandling af skrammer fra dagen før eller udmattelse. Det var den eneste gang under krigen, at han blev sygemeldt. Det kan være som en soldat - der heller aldrig var syg - mente, at den udeblevne sygdom nok skyldtes, de drak så meget brændevin. Han tilføjede, det mente både læge og kaptajn også - og de rådede dem derfor til det[13].

Der var dog ikke tid for Bertel til at være syg. Allerede dagen efter om aftenen klokken syv, da soldaterne var ved at tilberede den første varme mad i tre dage, fik de ordre på at hælde den halvfærdige suppe ud, forlade alt og samles. De fordelte i hast det næsten rå kød, som de lagde i deres brødposer. Kort før midnat blev de i den isnende kulde og stærke blæst sendt mod Slesvig by. Efter blot en times march blev de imidlertid ved Taterkro udenfor byen stoppet af en stor mængde vogne og artilleri i kolonnen foran dem. Brigadeadjudanten beskriver ventetiden: »At staa stille i Kulden var meget værre for Folkene end at marchere. De satte sig i Grøfterne, udsatte for at falde i Søvn og fryse ihjel. Officererne gjorde alt for at holde dem vaagne«. Efter tre timers iskold ventetid kunne de fortsætte marchen nordpå[14].

I den sydlige del af Stenderup skov syd for Oversø gik Bertel og en del af hans brigade i stilling for at dække tilbagetrækningen og lod den øvrige hær gå forbi. Efterfølgende fik hans bataljon ved en misforståelse ordre til at gå mod Sankelmark. De undgik derved konfrontationen, da bagtroppen efterfølgende blev angrebet af østrigske husarer ved Smede-

Tilbagetrækningen fra Dannevirke 1864
(Erik Ludvig Henningsen - Det kongelige bibliotek)

by. Ved Sankelmark blev de standset af divisionskommandanten og sendt op til skoven nord for området, hvorved de her undgik det voldsomme og blodige slag ved Sankelmark. Det var således marginaler, der bestemte, om Bertel var på det rigtige eller forkerte sted på det forkerte tidspunkt15.

Efter være blevet forenet igen med resten af Brigaden nåede Bertel Klokken seks om aftenen Flensborg, hvor de blev beordret at besætte den sydlige adgang til byen som dækning for tilbagetrækningen. Efter tre timer blev de afløst og sendt i kvarter for overnatning nord for byen. Klokken tre om morgenen marcherede de videre mod Sønderborg, hvor de ankom til dødtrætte og sultne sidst på eftermiddagen. Der var da gået næsten to døgn, siden de var blevet afbrudt i tilberedning af deres varme mad nede ved Dannevirke. Det kneb med indkvartering i den af soldater overfyldte by. En fra brigaden beskriver det som: »Da vi om Aftenen kom til Sønderborg, var det næsten umuligt at faa Tag over Hovedet. Nogle af os laa den første Nat i en Jernstøberigaard. Udmattede og dødtrætte, som vi var, kunde vi dog næsten ikke sove for Kulde, immer maatte vi staa op for at faa lidt Varme ved en Løbetur«. De blev herfra indskibet mod fæstningsbyen Fredericia, men måtte på grund af storm gå i land i Fåborg. Herfra gik de til Assens, hvorfra de den 9. februar blev sejlet over til Fredericia, hvor de straks blev sat til forposttjeneste16.

Slagtebænken

Om morgenen den 8. marts - en måned efter ankomsten til Fredericia - stod Bertel som så ofte før forpost i området uden for den befæstede by. Alt var dog ikke som normalt. Godt en uge før havde der været sammenstød mellem danske soldater og preussiske ryttere på rekognoscering nede ved Vorbasse. Og dagen før havde de fået melding om, at fjendtlige tropper rykkede frem mod dem fra Kolding. Endelig fik de beskeden, at natten forinden var den øvrige danske hær ude i området blevet trukket op omkring Horsens.

Da prøjsiske og østrigske tropper angreb, var regimentets 1. kompagni forpost på den yderste flanke længst fra fæstningsbyen ved Krybily kro, mens Bertels kompagni stod lige bagved ved Nebel. Da de to kompagnier erfarede den danske retræte for den overlegne fjende, søgte de mod Brørup. 1. kompagni hang bagud og blev spredt ud over de stærkt opblødte marker. Inden de blev samlet, var de isoleret og presset ud til kysten ved Snoghøj. Her blev kompagniet afskåret, og dets kommandant »gav tegn til overgivelse« for ikke med hans egne ord »til ingen verdens nytte at lade mine folk slagte«. Hele kompagniet blev taget til fange og efterfølgende sendt til fæstningen Magdeburg som krigsfanger. Bertels kompagni kom nordøst for Brørup i en times tid i »kraftig fægtning med fjenden«, inden de trak sig og lykkedes at komme tilbage til fæstningsbyen$_1$. Bertel havde endnu engang været i voldsom kamp, og hans kammerater i hans gamle kompagni var alle enten faldet eller i fangenskab.

Bertel og hans nuværende regiment trak sig herefter ind bag voldende i Fredericia, hvor de blev belejret. Ugen efter begyndte bombningen af byen. En soldat fra regimentet fortæller: »Klokken 6 den samme Morgen kom den første Granat. Vi ilede saa ud under Voldene, medens den ene Granat kom susende efter den anden. Kvinder og Børn flygtede, og Byen blev skudt i Brand flere Steder... En Kammerat spurgte mig om, hvad der var i Vejen, da jeg imod Sædvane var saa tavs og bleg, og jeg meddelte ham min Frygt. "Aa Skidt", sagde han, "lad os gaa hen og faa en Kaffepunsch". Medens vi nød den omtalte Genstand, sprang der en Granat i Huset, hvor vi sad, og da vi fik os samlet sammen oven paa Forskrækkelsen, var der fire af de Tilstedeværende døde[2]«.

Regeringen krævede den følgende tid flere danske soldater til forsvaret af skanserne ved Dybbøl, hvor kampene spidsede til. Fredericia fæstnings kommandant general Lunding indvilligede at afstå soldater, men ikke eliteenheden 8. brigade. Han tilbød, at de kunne indsættes i et tidsbegrænset offensivt fremstød, men han mente ikke, at han kunne undvære den i længere tid i tilfælde af angreb på fæstningsbyen. Han blev underkendt. Den 11. april blev Bertel og 20. regiment sejlet over til Båring Vig på Fyn, hvorfra de marcherede til Fåborg. Her blev de sejlet til Høruphav på Als og kortvarigt indkvarteret i og omkring Vibøge på Sydals[3].

Hvilende soldater ved Rønhave ved Sønderborg 1864 (Georg E. Hansen - Det Kgl. Bibliotek)

Et regiment på vejen fra brohovedet til Dybbøl skanser 1864 (Otto Bache - Det Kgl. Bibliotek)

Den 13. april blev Bertel og regimentet sendt mod fronten. En soldat fra regimentet beretter: »Dagen efter marcherede vi ind i Sønderborg med Sang; men saa blev der kommanderet "Holdt" og "Hold inde med Sangen"; thi Granaterne fra Broager begyndte at spille[4]«. De forstod ikke på det tidspunkt, at de billedligt talt kom til helvedes forgård. Soldaterne her kaldte slet og ret Dybbøl skanser for Slagtebænken. Preusserne sendte omkring 7000 bomber og granater i døgnet ned over skanserne. Op mod hundrede danske soldater blev dræbt eller såret hver dag, og lazaretterne var overfyldte[5]. En dansk officer berettede senere: »Flere var gået komplet fra forstanden, talte i vildelse og gik sovende omkring[6]«.

Den følgende og de næste fire dage var Bertels regiment i turnusordning skiftevis ved skanserne midt i yderste linje og som reserve i den bagvedliggende baraklejr ved vejen til skanserne. Det vil sige barakkerne

75

var bombet og nedbrændte, så de overnattede i en slugt med to grøfter i lidt gammelt halm med uldtæpper over sig. De fik her uddelt forplejning - rugbrød, gule ærter, flæsk, øl, snaps og kaffe - og kogte deres mad på den åbne mark[7].

En time før midnat til den 18. april stilnede bombningen langsomt af. Ved midnat hørtes kun spredt skydning. To timer før solopgang klokken tre om morgenen stillede Bertel og brigaden i baraklejren op til appel. Brigadens adjudant udtrykte det senere: »Det var ... en dejlig Foraarsmorgen. Kl. 5 stod Solen smukt op og smilede hen over de grønne Marker«. Den relative stilhed bekymrede dog, men det var intet mod den infernalske larm der ventede. Ved Daggry klokken fire begyndte med generalstabens ord: »en saa voldsom og vedholdende Ild fra Fjendens forskjellige Batterier som ingensinde før«. De følgende seks timer faldt der næsten 8000 granater - eller med andre ord 20 i minuttet - ned over de danske skanser og til dels også området bagved. Bertels regiment blev sat i alarmberedskab, og det chef oberstløjtnant Scholten øvede fingerede angrebsøvelser. Da det heftige bombardement ikke var stilnet af klokken seks, vurderede den danske generalstab, at det var den sædvanlige beskydning. Regimentet fik herefter uddelt varm øl og tændte ild for at koge suppe til middagsmad. En granat ramte en suppegryde, hvilket heldigvis kun resulterede i, at en enkelt fik en let skoldning. Da der var godt gang i kogekarrene, men lige inden de skulle spise, blev der på slaget ti pludselig dødsens stille et kort øjeblik, og så brød helvede løs. Stormen på Dybbøl var indledt[8].

Bertel og 8. Brigade blev øjeblikkelig gjort angrebsklar. De ventede utålmodigt. Først efter en halv times kom ordren til modangreb. Bertels kompagnis officielle rapport om deltagelse i kampen blev udarbejdet af sergent A. A. Paulsen, da kompagniet chef premierløjtnant Carl Wilhelm Steinmann blev såret og taget til fange under kampen. Sergent Paulsen beskrev forløbet rimeligt detaljeret: »Vi gjorde os parate og rykkede frem, men da der ikke endnu var hørt noget Signal fra det foranliggende Terrain, befalede vor Compagnicommandeur, Premierlieutenant Steinmann, vor Hornblæser til at blæse lang Tone, til han hørte der blev svaret fra Brohovedet, efterat vi vare

Nedbrændt gård - her Steensgård - bag skanserne på Dybbøl Banke 1864
(Christian Friedrich Brandt - Det Kgl. Bibliotek)

rykkede omtrent sluttede frem til den brændte Møllegaard, spredte Compagniet sig strax meest til venstre for Gaarden, hvor vi strax var i en heftig Infanterifægtning med Fjenden, som allerede var rykket langt frem, vor Compagnicommandeur blev strax saaret, tilligemed de øvrige Compagniofficerer, saa Compagniet næsten var uden kommando. Efter at vi en kort Tid havde lagt bag ved de forskjællige Gjærder, rykkede Fjenden stærk frem paa vor venstre Fløi saa vi saa os nødsagede til at trække os tilbage til det næste Gjærde, og efter at have holdt det noget, saae vi vor høire Fløi trække tilbage, og vi maatte da igjen tilbage, eftersom Fjenden havde naaet skjult frem til den omtalte Møllegaard, og derfra havde spredt sig langs Gjærderne, og paa den maade var kommen os nær. Vi trak os nu heelt tilbage til Leiren ved Stranden, hvor vi samlede os een Deel af de forskjællige Compagnier, gjorde derpaa omkring og krøb op paa Bakkekronen, hvor der kun var ubetydelig Dækning, efter at have lagt der omtrent ½ Time, saae vi at vor høire Fløi retirerede stærk over Broen, og da vi frygtede for at blive afskaaren vare vi nødsagede til ogsaa at trække os tilbage, da vi skulde igjennem Bariereporten, og efterat være naaede igjennem den løb vi spredte tilbage over Broen og igjennem Sønderborg, og da vi vare kommen til den anden Side af Kirken, samledes de fleste af Compagniet Successive, paa den venstre Side af Veien, hvor Regimentet havde begyndt at samle sig, og al Fægtning var naturligviis dengang ophørt[9]«.

Det havde været en umulig kamp. Da den preussiske reserve blev kastet ind i kampen foran de fremrykkende soldater, var de ni preussere mod en dansk soldat. Det som sergent Paulsen beskriver som »heftig Infanterifægtning«, var et sanseløst myrderi. Kampens voldsomhed afsløres af, at 8. brigade mistede knap halvdelen af dets mandskab - døde, sårede eller savnede$_{10}$.

Hvordan Bertel oplevede det, er der intet efterladt om. Derimod er menig i regimentet J. O. Jacobsens oplevelse bevaret. Ikke forstået som, at det nødvendigvis siger så meget om Bertels oplevelse og tanker, men det giver et godt indblik i modangrebets intensitet og vanvid. Her er det genfortalt af leder af Viborg Lokalhistoriske Arkiv Dan Ersted Møller: »...der blev blæst til modangreb. 3.000 mand fra den 8. brigade beordredes afsted. J. O. Jacobsen smed, hvad han havde i hænderne og begyndte sit løb mod Dybbøl Banke: 3 km over åben mark op ad en forårsfedtet bakke. Preusserne havde frit skud med deres hurtigtskydende bagladergeværer fra deres stillinger på toppen af bakken. Et par kugler slog igennem Jacobsens kappeskøder. Da han var nået halvvejs op på bakken, ramte en kugle hans livrem, der hvor feltflasken var spændt fast. Flasken eksploderede og livremmen sprang. Trykket fik ham til at miste fodfæstet. Han faldt, troede han var ramt, men mærkede til sin forbløffelse, at han intet fejlede, så han måtte op igen og videre sammen med de andre. Omkring ham faldt folk for fjendens kugler, men værst af alt var alle de sårede kammerater, der lå spredt på marken og skreg på hjælp$_{11}$«.

En officersaspirant fra brigaden bakker historien op: »Vi så bag et gærde prøjsernes flade huer, i samme øjeblik lød det "fremad" - så op over gærdet og videre frem over den hullede mark, over knolde af jord, over mennesker der lå og vred sig med skrig eller hyl eller stille med krummede fingre og blod over ansigtet12«. Brigadens adjudant rundede af med en følelse, som mange må have haft bagefter: »Da vi kom ind i Brohovedet, saa jeg paa mit Ur; det viste KL 11 Fmd. Jeg vilde ikke tro mine egne Øjne; jeg kunde ikke fatte, at alt det, jeg havde oplevet, var sket i en eneste Time$_{13}$«.

Spørgsmaal.	Svar.
Hvad er Deres fulde Navn?	Berthel Pedersen
Hvilken Dag og hvilket Aar er De født?	den 4de Marts 1836
I hvilket Aar har De deeltaget i Krigen?	1864
Ved hvilken Afdeling (Institution) tjente De dengang?	20 Bataillon
Ved hvilket Compagni, Escadron eller Batteri stod De?	1ste Comp.
Hvilket Numer havde De?	Nr 45
Fra og til hvilken Dag var De tjenestegjørende?	den 30te Mai 1859 og til 2de Sept: 1864
Tjente De som Menig eller som Befalingsmand?	Menig
Blev De saaret i Krigen? Naar?	nei
Har de ligget paa Lazareth? Paa hvilket?	
Blev De fangen i Krigen? Naar og hvor?	nei
Har De Pension eller Invalidforsørgelse? Hvilket Numer har Deres Pensionsbrev?	nei
Er De Medlem af „De danske Vaabenbrødres Selskab"? I hvilken af dettes Afdelinger og i hvilket Numer staaer De?	nei
Hvilken er Deres nuværende Stilling?	Husmand
Hvor har De nu Bopæl? (Hvis De ikke boer i en Kjøbstad, bedes Amt, Herred, Sogn og By opgivet).	Sønderholt Solberg Sogn Aalborg Amt Hellum Herred
Hvilken er Deres nuværende Adresse?	Berthel Pedersen Sønderholt Solberg Sogn pr Bælum

Berettiget
Casper Schuur

Bertels ansøgning om erindringsmedalje for deltagelse i krigen (Rigsarkivet)

Den følgende nat overførtes regimentet til Fyn, hvor det på grund af de store tab blev omorganiseret fra otte til fire kompagnier. De deltog i den følgende tid i bevogtningen af Fyn og kom ikke mere i kamp under krigen. Bertel undgik dermed det blodige nederlag på Als. Den 1. august blev den foreløbige fredstraktat underskrevet. En uge senere blev regimentet sendt til Roskilde. Den 2. september blev Bertel og en del af mandskabet hjempermitteret. En af hans rejsekollegaer beskriver hjemturen: »Vi fik noget meget simpelt Tøj indkøbt til Hjemrejsen. Vi blev sejlet fra Korsør til Aarhus, hvorfra vi en Del fulgtes ad til Fods. Jeg kom hjem den 3. eller 4. August, og da var Rughøsten begyndt[14]«. For Bertel var hjem, at han tog tjeneste på Juelstrup præstegård.

Efter krigen fjorten år tidligere var soldaterne vendt hjem som helte. Alle havde skrålet med på den da populære "Dengang jeg drog af sted". Denne gang var der ingen heltemodtagelse. I stedet var en desillusioneret stemning, bedst illustreret ved den sørgmodige men smukke "Det haver så nyligen regnet". Hvor slemt det var, blev tydeligt illustreret af hans rejsekammerat fra hjemturen: »Nogle af os bad om Tilladelse til at rejse over København for at skaffe civilt Tøj; men dette blev nægtet os, idet Kaptainen sagde, at Københavnerne vilde prygle os[15]«. Et andet grelt eksempel på modtagelsen beskrives af en hjemvendt menig soldats oplevelse: "Selvfølgelig var stemningen også meget trykket. En særdeles trivelig herre kom hen til os og sagde: "I dag har I nok ikke gjort jeres pligt, karle!". Jeg svarede sagtens lidt bittert, da jeg følte det uberettigede i, at han uden videre kastede en sådan beskyldning ud, selv om han flettede et lille "nok" imellem. "Så skulle De være kommet, thi De ser ud til at kunne udrette noget; men forresten har vi været, hvor vi skulle være, og udrettet, hvad vi var sat til, - lad så enhver svare for sig!" Med den besked listede han af, vel sagtens med den tanke, at det ikke var værd at indlade sig på nogen videre samtale[16]«.

Det at gennemleve krigens gru, for at blive mødt med nedværdigende uforståenhed, må have været hårdt. Bertel kunne imidlertid trøste sig med, at han var en del af 8. brigades modstød. Midt i nederlagsstemningen blev modstødet et mytisk oprejsningssymbol på modstand og of-

Hyldesttegnig af 8. brigades modstød (Det Kgl. Bibliotek)

fervilje, som et hvert barn i landet kendte₁₇. Nederlaget påvirkede dog ikke bare Bertel, de hjemvendte soldater og deres familier. Det påvirkede alle og ændrede afgørende den danske selvforståelse.

Bertel på sin side arbejdede de næste knap halve snes år i området omkring sit barndomshjem - først som tjenestekarl, men med tiden som murer og træskomand. Han flyttede herefter ned til sin bror Bertels-Niels i den lille landsby Korup nede mod Hadsund. Her mødte han en ung enke Frederikke Jensen, som han gjorde gravid og giftede sig med. Han giftede sig hermed også til et husmandssted i Sønderholt, som i dag er en del af det nordlige Hadsund. Ud over husmand ernærede han familien som træskomand. I begyndelsen af det nye århundrede solgte de huset til den yngste af deres to døtre og hendes mand. I stedet flyttede de til Sønder Kongerslev mellem Støvring og Kattegatkysten. Hverken Bertel eller hans kone havde tilknytning til stedet, men de fandt her et billigt jordløst hus, hvor de kunne leve af pengene fra hussalget og hans aldersrente - suppleret af den årlige hædersgave som krigsveteran på 100 kroner og udlejning af en del af huset til en ung børnefamilie. I sensommeren 1920 døde Bertel 84 år gammel[18].

Hans identitet var i høj grad, han var krigsveteran fra Dybbøl. En lille nekrolog i Aalborg Stiftstidende opsummerer og afrunder fint dette: »Kongerslev, 27, August. Jordefærd. I Dag begravedes Husejer, Veteran Bertel Pedersen her af Byen. Han var med i Kampene om Dybbøl Skanser og vilde gerne i Sommer have genset Valpladsens bittert om stridte og vemodigt mindende Jord, nu da den igen er dansk, men Svagelighed nødte ham til at opgive den lange Rejse. Bertel Petersen var født i Øster Hornum Sogn 1836. Han var her i Byen, hvor han kun levede en halv Snes Aar, kendt som en stilfærdig og fordringsløs gammel Mand, der stadig holdt sig hjemme, syslende i Hus og Have, og der imellem gerne beskæftiget med Læsning af forskellig Art[19]«.

Hjemmefra og ud at tjene

I efteråret 1866 døde Bertels-Peters far den fattige husmand Peder Bertelsen - Bertels - af tæring, hvilket var den folkelige betegnelse for tuberkulose. Bertels-Peter var lige fyldt 13 år. Ligesom hans far kort efter sin første kones død havde giftet sig med hans mor, giftede hans mor Mette Katrine sig nu kort efter med den yngre tjenestekarl Laurs Christian Henriksen, for at han kunne træde ind som forsørger og sikre hendes alderdom[1].

Han var håndværkersøn fra Fræer på den anden side af Skørping. Laurs Christian blev af de lokale først til Laust, hvilket snart blev til Laurids, som han endte med at kalde sig selv. Han havde boet hele sit liv i Fræer og tjente som karl på en gård i byen, da han fik mulighed for at gifte sig. Det vil sige, han var borte fra hjembyen i sommeren 1853, da han aftjente sin værnepligt ved artilleriet i Lauenborg vest for Kiel nede i Holsten. Han var ligeledes borte, da han deltog i krigen i 1864 i det voldsomme blodige forsvar af Als. Det endte med at den danske hær blev evakueret fra Kegnæs i en større flotille af danske både[2]. Det havde været det totale nederlag og enden på krigen for både Laurids og Danmark. Mange hjemvendte soldater - især dem der oplevede nederlaget på Als - blev bitre og indesluttede. Det virkede Bertels-Peters stedfar dog ikke til at være blevet. Han lader til at have været social og vellidt af alle, og han fik et godt forhold til sin stedsøn Bertels-Peter[3].

Umiddelbart efter farens død kom Bertels-Peter hjemmefra som tjenestedreng på Abildgaard mellem Øster Hornum og Byrsted. Den var en stor gård, der i ældre tid havde været herregård. Selvom den kun lå omkring en mil (små 6-7 kilometer) fra hjemmet, må det have været en stor omvæltning for den trettenårige dreng. Her var han de følgende år. I løbet af den tid blev han konfirmeret i Hornum kirke og var på session hos den lokale sognefoged. Konfirmation var på den tid mere end en bekræftelse af dåben og symbolsk indtræden i de voksnes rækker, det var sim-

Abildgård omk. 1895 (Lokalhistorisk Arkiv for den tidl. Støvring Kommune)

pelthen en forudsætning for at kunne blive gift og dermed kunne etablere egen husstand. Med hensyn til session var der i 1849 blevet indført lodtrækning, hvor man slap for militærtjeneste, hvis man trak et højt nok nummer. Man blev såkaldt frispiller! Bertels-Peter trak et højt nummer$_4$.

I december 1869 i en alder af seksten et halvt kom han videre til Buderupholm. Herregårdens lille samfund rummede mange unge ugifte. Socialt omgikkes de under dagligdagens arbejde på gården og i marken, ved måltiderne og om aftnerne med sysler i folkestuen. De var sammen ved årets fester som høstfest og julestue. I deres sparsomme fritid omgikkes de også. Indimellem var de sammen til såkaldt legestue i omegnen - gerne med en spillemand, dans og brændevin. For den unge sociale Bertels-Peter - der i højere grad end sine ældre brødre havde slægtens uro - var det et perfekt sted at udfolde sig.

De mange sociale kontakter førte til mange ægtefolk på egnen, som havde mødt hinanden tjenende på Buderupholm. Kort efter Bertels-Peter kom til gården, gjorde hans bror herregårdens kusk Bertels-Niels stedets

84

stuepige gravid. Det var den stuepige, som Maren havde arbejdet sammen med inden hun tog videre til Teglgården. Bertels-Niels giftede sig med tjenestepigen og flyttede til landsbyen Korup på hendes hjemegn ved Solbjerg nede omkring Hadsund. Her blev han husmand og sadelmager og levede resten af sit liv[5]. En anden af Bertels-Peters brødre på herregården staldkarlen Bertels-Anders var begyndt at gå sammen med Marens lillesøster Ane Kirstine.

Den ældre Maren med det blakkede rygte og den unge efter sigende charmerende Bertels-Peter var i denne sammenhæng umiddelbart et meget umage par, men med Stryge-Trines formulering, blev Maren »forført[6]«. Resultatet var, at i det tidlige forår 1872 kunne hun konstatere, at hun igen var med barn. Der var dog det problem, at Bertels-Peter var ung og følte, at han havde livet foran sig, så han ville absolut ikke begrænses eller bindes. Maren oplevede endnu engang at stå alene tilbage. Situationen var kritisk! Bertels-Peters mor Mette Kathrine fik i denne situation en hovedrolle. Hendes historie er nøglen til at forstå det videre forløb.

Stryge-Trine fortalte følgende historie om sin oldemor Byrsted-Mette - altså Mette Kathrines mor - at hun var kendt som den smukkeste pige i Byrsted. En adelsmand på egnen faldt for hendes skønhed, og sammen fik de Mette Kathrine. Adelsmanden blev nægtet af sin familie at gifte sig med den borgerlige Byrsted-Mette. Han forblev ugift til sin død, og det fortælles, at han gik sørgende i graven. For i det mindste at give sin elskerinde gode kår, gav han sin staldkarl Per Tandrum en klækkelig sum for at tage hende til ægte. Per Tandrup købte for medgiften Katbygård i et par mil vest for Støvring[7].

Historien om Byrsted-Mette har et skær af eventyr, og ligner beretninger som kendes fra vandrehistorier. Den skjuler imidlertid skam i forhold til fattigdom og uægte børn. Det er korrekt, at Stryge-Trines oldemor hed Mette, kom fra Byrsted og Mette Kathrine var såkaldt uægte barn. Den rigtige historie har imidlertid ikke meget eventyr over sig. Byrsted-Mette var gårdmandsdatter fra Byrsted tjenende på Røde Mølle i Store Aj-

Bertels-Peters bror Anders Pedersen kaldt Bertels-Anders 1875
(Lokalhistorisk Arkiv for den tidl. Støvring Kommune)

strup lige syd for Nibe. Her blev hun gravid med en tjenestekarl fra Aalborg og fik Mette Kathrine. Karlen forsvandt, og hun blev først gift fire år senere med en fattig skomager. Hun fik et fattigt hårdt liv og endte som enke med at leve af at samle klude og sy, inden hendes søn Peder Christensen de sidste år af hendes liv tog sig af hende. Det uægte barn Mette Kathrine voksede op under fattige kår og kom tidligt ud at tjene. De første år hos en skomager i Borup mellem Nibe og Aars gik øjensynligt nogenlunde, men da hun derefter som blot 15 årig fra skiftedag i foråret til skiftedag efteråret var i en plads i Blære, skrev præsten ved hendes fratræden direkte, at hun var i godt forfald - sagt mere nutidigt i elendig forfatning$_8$. Hun fik en hård tilværelse, hvor hun tjente på gårde i området de næste 15 år, indtil Bertels tilbød hende ægteskab. Mette Kathrines mor var således blevet svigtet af flere mænd, akkurat som Maren nu var svigtet af Bertels-Peter. Både Maren og hendes ufødte barn kunne se frem til en hård tilværelse. Mette Kathrine har næppe kunnet have, at hendes søn gentog historien. Maren kom derfor til Sørup for at føde barnet$_9$.

Inden vi forlader historien om Byrsted-Mette, så lad os lige færdiggøre den helt. Nogle år før hun fik Mette Kathrine, fik hun endnu et uægte barn - denne gang med en ungkarl Christen Pedersen, der tjente på Katbygård ved Aars. Barnet blev en søn, fik navnet Peder Christensen og voksede op hos sin mors forældre på deres gård i Byrsted. Hans mors gårdmandsslægt tog sig altså af ham, i modsætning til hans senere halvsøster Mette Kathrine.

Denne halvbror til Mette Kathrine blev senere gårdmand i Byrsted og begyndte at kalde sig Peder Christensen Tandrup, men hvorfor tog han dette tilnavn? Det kan godt være fra hans far! Skal vi følge historien om en herremand, er der en Tandrup Herregård, men den ligger helt oppe i Thy. Der findes imidlertid også et sted med et par gårde lige nord for Aars, der hedder Tandrup. Her var ligesom i historien en ugift gårdmandssøn Christen Pedersen, der var jævnaldrende med Byrsted Mette. Tæt herved ligger Katbygård. Denne Christen Pedersen i Tandrup overtog senere sine forældres gård, giftede sig med en lokal gårdmandsdatter og fik en datter, som han kaldte Mette Kathrine[10]. Der er således i forhold til den overlevende historie mange indicier på, at han kunne være far til Mette Kathrines halvbror Peder Christensen Tandrup. Der er bare ingen kilder der bekræfter det.

Fod under eget bord

Den 22. marts 1873 kom Maren og Bertels-Peters datter til verden i Sørup. Hun fik navnet Ane Catrine - men skulle mere end 30 år senere blive kendt under navnet Stryge-Trine. Første navn Ane var efter hendes mormor den hårdtarbejdende bondekone Anne Margrete, der havde født tretten børn. Det andet Catrine var efter hendes farmor den hårdtslående fattige husmandskone, der havde gået i livets barske skole. Hun blev fra første færd dog aldrig kaldt andet end Trine. Til efternavn forlangte Bertels-Peter, at hun fik hans efternavn Pedersen. Han vedkendte sig faderskabet, men var stadig uvillig til at binde sig.

Til barnedåben fjorten dage senere var Marens onkel fra Sørup hede Jørgen Jensen fadder, akkurat som han havde været det, da Maren sidst var i denne situation. Fadder var også Bertels-Peters bror Bertels-Anders, der stadig var staldkarl på Buderupholm. Endelig deltog nogle tjenestefolk fra herregården$_1$. Marens forældre deltog ikke, og Stryge-Trine fortalte senere, at deres datters »fald« var en stor sorg for det stabile og solide gårdmandspar$_2$.

Der var netop kommet ny præst Hans Rudolph Panduro, der pligtskyldigt skrev i Kirkebogen - som det krævedes - barnet som uægte, omtalte moderen som fruentimmer. Det var standardbetegnelserne for mødre, som havde født uægte børn tidligere. Videre skrev han, at moderen havde tjent på Buderupholm indtil ti måneder før barnets fødsel. Dette siger intet om præstens holdning, eller hvornår Maren forlod herregården. Det var en fast juridisk formulering, hvor barnet var undfanget, da det var dette steds kommunes fattigkasse, der skulle betale for det, hvis moren ikke kunne forsørge det.

Efter fødslen kom Maren tilbage på Buderupholm at tjene, mens Trine blev passet af bedsteforældrene i Sørup. Bertels-Anders og Ane Kirstine havde i mellemtiden her fundet sammen, forladt herregården og flyttet ind hos Ane Kirstines forældre i Aarestrup. Her giftede de sig i sensommeren i Aarestrup Kirke. Bertels-Anders var en stabil og rolig svigersøn, så et par år efter overtog de Ane Kirstines forældres gård med forældrene boende der i aftægt₃. Han var dermed den første fra barndomshjemmet - og kan vi godt afsløre eneste - der brød det sociale skel fra at være søn af en husmand til at blive gårdmand. Det havde været det samme en generation tidligere, da hans navnebror og onkel Anders Bertelsen blev gårdmand i Sørup. Der var som tidligere nævnt uhyre lidt social mobilitet i det traditionsbundne landbosamfund. Det var derfor heller ikke almindeligt, at man giftede sig på tværs af sociale skel, som ellers var den mest oplagte mulighed for socialt avancement.

Selvom Bertels-Peter ikke ville binde sig, var Maren ved Bertels-Anders og Ane Kirstines bryllup allerede gravid igen. Ifølge Stryge-Trine var Bertels-Peters mor Mette Kirstine en bestemt og værdig dame. Hun følte - stadig ifølge Stryge-Trine - stor vrede over sønnens ugerninger og »befalede« ham derfor at gifte sig med Maren₄. Anden juledag blev Trines forældre gårdmandsdatteren fra Aarestrup Maren og husmandssønnen fra Sørup Bertels-Peter gift i Buderup Kirke med brudens far Christen Rebild og gommens stedfar Laurs (Laurids) Henriksen som forlovere₅.

De flyttede herefter ind i Buderup Kirkehus, der som navnet siger, lå umiddelbart ved Buderup kirke. Det brændte i 1913 og brandtomten blev nedrevet i 1934, men man kan stadig se, hvor det lå, da der i dag er et indhak i kirkegårdens stengærde. Det var et af Buderupholm Herregårds huse og blev brugt til opstaldning af heste for kirkegængere. Huset havde inden da en årrække fortrinsvis været hjem for kortvarigt boende indsiddere. Bertels-Peter blev arbejdsmand på Buderupholm Mølle under herregården. Møllen lå ved Brohuset, hvor vejen krydser Lindenborg å, kun få hundrede meter fra deres hjem. Med hensyn til datteren Trine kom hun hjem til dem efter at være passet det første år af bedsteforældrene i Sørup. Hertil tog de Marens søn fra tidligere Jens til sig₆.

Buderup kirke med Buderup Kirkehus yderst til venstre i billedet
(Tegning af ukendt kunstner 1931 - Lokalhistorisk Arkiv for den tidl. Støvring Kommune)

I maj det følgende år fødte Maren deres andet barn datteren Mette Margrethe. Ved barnedåben var Bertels-Peters stedfar Laurids igen fadder, ligesom et par af Bertels-Peters arbejdskollegaer fra møllen var med. Derudover deltog hans ældre søster Else fra den nærtliggende landsby Gravlev. Det var hende, der havde været tjenestepige for skolelærens familie og boet på Sørup skole, da han gik der. Herfra var hun taget videre til en plads i Hals som tjenestepige hos en snedkerfamilie. Nogle år senere kom hun til Gravlev at tjene; men endte siden under forsørgelse af fattigvæsenet. Det lykkedes hende dog at komme ud af det igen og en periode blive tjenestepige hos en aldrende husmand i byen. De sidste år af sit liv ernærede hun sig ved arbejde, men havde ikke indkomst nok til husly og boede derfor på fattiggården₇. Var man en gang endt i fattigdom, var det svært

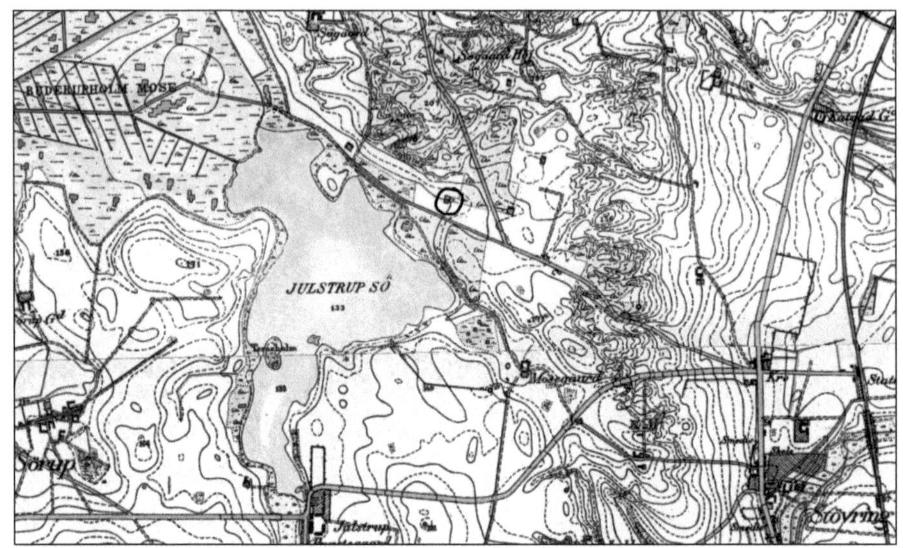

Bertels-Peter og Marens husmandssted markererkeret med en cirkel omkring huset
Udsnit af højt Målebordskort 1842-1894 (Geodatastyrelsen)

at komme ud af det igen - ikke mindst som enlig kvinde. Social opstigen i landbosamfundet var som sagt svært, men at falde socialt igennem var ikke ualmindeligt.

Året efter - nærmere bestemt foråret 1875 - flyttede Bertels-Peter og Maren fra Kirkehuset. Grunden var som for de fleste, at få fod under eget bord. Det vil sige, at de fæstede (altså lejede) et husmandssted ude på Støvring hede, så helt deres eget var det ikke. Det lå i et område med vanskelig dyrkbar hede og var efter udskiftningen af Støvrings jord i 1804-1805 blevet udskilt fra gården Kærvang og fæstet ud som husmandsparcel. Der var stadig en række ejendomme i Støvring, der endnu var fæstede i 1870erne - i modsætning til Sørup blev gårdmænd og husmænd her generelt meget sent selvejere[8].

Husmandsstedet lå tæt ved Juelstrup sø - lokalt kaldt Sørup sø. Deres jord grænsede da også op til Sørup ejerlaug. Tæt ved på den anden side af ejerlaugsgrænsen lå den mægtige Buderupholm mose. Husmandsstedet lå isoleret midt mellem hedegårdene Mosegård, Søgård og Hjordalsgård. Nærmeste nabo var et andet husmandssted nogle hundrede meter væk, som de delte en brønd på deres ejendom med. Huset lå i kuperede lyngbakker mellem vejene - eller hjulsporene om man vil - dels fra Støvring op til Hæsum og dels nord om søen over mod Sørup. Landskabet bød ikke på meget læ, når det blæste. Selvom det lå isoleret, var der kun omkring en fjerdingvej, hvilket vil sige en kvart mil (små to kilometer) ind til Støvring by. Da Bertels-Peter var barn, havde Sørup været den store by i sognet. Støvring var da blot en gammel gårdkro ved landevejen mod Aalborg med en ganske lille bondelandsby lige syd for. Med de nye næringslove i slutningen af 1850erne, samt indvielsen af jernbanen og opførelsen af Støvring station i 1869, var det så småt ved at ændre sig. Det gik langsomt i begyndelsen, men i årene efter familien flyttede på heden, gik udviklingen i den nye stationsby stærkt[9].

Da Bertels-Peter og Maren flyttede ud af Buderup Kirkehus, flyttede hans bror Bertels-Lars - den sidste af Bertelsbrødrene på Buderupholm - ind i huset med sin kone. Som sine tre brødre før ham, havde han giftet sig med en tjenestepige på herregården. Hun kom oppe fra Tvååker nær Varberg i Halland i Sverige og var kommet til Danmark et par år før til en svensk koloni oppe i Rørdal ved Aalborg. Her havde hun fået et uægte barn med en svensk sæsonarbejder. Faren var forduftet og barnet sat i pleje - sandsynligvis begge endt i Sverige. Hun var imidlertid blevet i Danmark og kommet til Buderupholm. Her havde hun mødt Bertels-Lars, og de var blevet gift.

Det blev dog en kort lykke. Allerede det følgende efterår døde Bertels-Lars kone af blodgang - hvilket var dysenteri. Det har sandsynligvis skyldtes en tarminfektion grundet foruret vand. Bertels-Lars forlod Kirkehuset, blev tjenestekarl hos en gårdmand på Tistedholter nede mod Hadsund. Her fandt han en ti år ældre husmandsenke med et par halvstore børn, giftede sig med hende og slog sig ned som husmand og levede der resten af sit liv[10].

I stedet for Bertels-Lars flyttede Marens yngre nygifte søster Juliane ind i Kirkehuset med sin mand smeden Christen Thomassen - aldrig kaldt andet end Thomsen. De havde også mødt hinanden på Buderupholm, hvor hun havde været tjenestepige og han smed - og hun var blevet gravid. De var dermed det tredje nygifte par i huset, der var i familie med hinanden og havde fundet sammen, mens de tjente på Buderupholm. Juliane og smeden blev i modsætning til de andre boende der den næste halve snes år, hvor han fortsatte med at arbejde som smed på herregården[11].

Den 17. januar 1880 købte Bertels-Peter deres husmandssted til selveje. Vitterlighedsvidne ved handlen på herredskontoret i Nibe var Anders Dodensig, som var søn af den da afdøde gamle Anders Dodensig på Dodensiggård. Gårdmand Andreas Buus - der kort forinden havde købt Kærvang - var ligeledes til stede som udlåner af halvdelen til financiering af Bertels-Peter frikøb. Købesummen for jord, bygninger og inventar var for Bertels-Peter 1200 kroner, som han lånte til i form af to panteobligationer af 600 kroner hver med en rente på 4½ procent om året. Det med kroner skulle de nok lige vende sig til, da en ny møntlov var trådt i kraft fem år tidligere. Møntenheden blev da ændret fra rigsdaler til kroner, således at en rigsdaler blev indløst med to kroner. Man kan forestille sig, at Bertels-Peter og sælgeren Anders Andersen til tingskriveren har sagt, at prisen var 600 rigsdaler. Denne har så nikket til dem og skrevet 1200 kroner. Den gamle møntenhed var så indgroet i folks bevidsthed, at en tokrone de følgende små hundrede år blev kaldt en daler.

Der var ikke ejendomsskat i moderne forstand, men en række afgifter til den sognekommunale administration - eksempelvis til skole og fattighjælp. Disse afgifter blev løbende sat lokalt i forhold til ejendommens størrelse og indtjening. Derudover var der et fast præstekontingent, som blev indført i skødet. Det havde rod i det gamle tiende til kirken, og var på dette tidspunkt stadig en væsentlig del af præstens løn. Præstekontingentet var for Bertels-Peters ejendom årligt 1 ¼ fjerdingkar havre og ½ fjerdingkar rug og byg af god kvalitet; dog ingen afgift til provsten[12]. Fjerding

Bertels-Peter og Marens husmandssted. Barnebarnet Martine og Maren stående foran omk. 1900.

betød fjerdedel, og fjerdingkar var et kornmål lig med en fjerdedel af det gamle mål skæppe. En fjerdingkar er i et nutidigt rummål 4,35 liter. De gamle måleenheder blev ændret i 1907 - dog reelt først efter en overgangsperiode frem til 1916. To pund blev til et kilo og en pot til lige knap en liter. Ligesom med daler holdt mange dog fast i pund i stedet for et halvt kilo.

Det er stort set umuligt at sammenligne, hvad de nævnte priser ville svare til i dag. Almuesamfundet hvilede for en stor del på naturalieøkonomi. Nogle priser kender vi dog omtrentligt. Et pund rugbrød kostede på det tidspunkt omkring 6-7 øre, et pund flæsk 41 øre, mens måske nok så vigtigt for vores historie en pot brændevin 75 øre. Det skal holdes op mod, at løn for en ufaglært arbejder inde i byerne på denne tid var mellem 14 og 19 øre i timen, mens den på landet var betydeligt lavere[13].

Umiddelbart efter handlen købte Anders Andersen husmandsstedet ved siden af Bertels-Peter af gårdejer Andreas Buus og blev dermed nærmeste nabo. Og kort efter købte Anders Dodensig en husmandsparcel af Andreas Buus. Det kunne godt tyde på, at de tre handler hang sammen økonomisk på en eller anden måde[14].

Livet på heden

Samtidig med Bertels-Peter og Maren flyttede ind på husmandsstedet på Støvring hede, blev deres lille datter Mette Margrethe dårligere. Hun havde været svagelig fra fødslen, og kort efter indflytningen døde hun blot trekvart år gammel. Det blev noteret, at hun døde af kramper, hvilket næppe var dødsårsagen, men snarere et ledsagesymptom lige inden dødens indtræden[1]. Allerede samme efterår fik de i stedet sønnen Peder og nogle år efter endnu en søn Lauritz. Efter yderligere et par år fik de endelig Mette Marie - aldrig kaldt andet end Mitte. Hertil havde de som sagt Jens og Trine. Hvilket vil sige, at ret tidligt valgte Bertels-Peters mor, at taget Trine hjem til husmandsstedet i Sørup igen, hvor hun herefter voksede op[2].

Fra at familien boede i Kirkehuset op og ned af kirkegården, var turene til kirken nu knap en mil (omkring fem kilometer) eller en lille times gang. De havde med overtagelsen af husmandsstedet sandsynligvis fra begyndelsen erhvervet en hest og arbejdsvogn, der ud over arbejdet også blev brugt til transport. Alle var dog vant til at gå, så det var næppe noget de tænkte nærmere over.

Fadderne ved børnenes dåb i kirken var primært familie. Fast var Bertels-Peters stedfar Laurids og Marens svoger smeden Thomsen i Kirkehuset, samt det nybagte gårdmandspar fra Aarestrup Bertels-Anders og Maren Kirstine. Efterhånden kom også bekendtskaber til blandt de nærmeste naboer[3].

Hvem omgikkes Bertels-Peter og Maren ellers? Vi ved fra familieoverleveringen, at de havde tæt forhold til Bertels-Peters mor Mette Kathrine og Marens søster Juliane - kaldt Julle. Maren på sin side havde derudover et meget tæt forhold til mosteren Ane og onklen Jørgen Jensen ude på Sørup hede, der havde hjulpet hende som ugift med hendes andet barn Jens. Hun var fast med hos dem og deres børn ved familiebegivenheder.

Endelig var der selvfølgelig Bertels-Peters drukvenner, men det er en hel anden historie[4].

Bertels-Peter og Marens husmandssted lå som sagt på en meget lidt attraktiv jord på heden. Et område der med tiden var blevet til husmandsbrug. Som lokalhistorikeren Hans Gjedsted udtrykker det: »Og husmændene, Hvad med dem? - Jo, dem kunne man bare henvise til de tørre og stenede agre, der lå nordøst for landsbyen (altså for Støvring) i området ved Hjordalsvej, Hæsumvej osv. - de måtte jo ikke spilde for megen tid på deres egne marker. Husmændene skulle bruges til at gå på dagleje[5]«. Bertels-Peter måtte da også arbejde som landarbejder for at brødføde familien - akkurat som hans far havde gjort det. Marinus Langeland - som senere blev foregangsmand i husmandsbevægelsen - beskriver konsekvensen af dette i sine erindringer om sine forældre. Hans forældre var husmandsfamilie på heden ved Skørping samtidig med Bertels-Peter og Marens tidlige år på Støvring Hede. Han skriver: »Fader var Husmand af Navn, men var efterhaanden bleven Landarbejder, og arbejdet for andre bleven hans Hovederhverv. Hans Landbrug var vel saa hans Bierhverv. Og jeg mener, at Jorden næsten var bleven mine Forældre som en Klampe om Benene[6]«.

Nok var Bertels-Peter steget i det sociale hierarki fra arbejdsmand til husmand, men det var et fattigt hjem. For at forsøge at danne et indtryk, vil jeg igen citere Marinus Langeland, der beskriver sine forældres husmandssted således: »Huset var indrettet til Beboelse samt Stald og Laderum. Jorden var et afsidesliggende Lod fra en gammel Hedegaard og var næsten tilgroet med Lyng og meget forsulten og udpint. Faders besætning var en Hest og en Ko. Meget af Foderet maatte han bjærge fra den nære Hede[7]«. Der var helt sikkert forskelle på husmandsstederne på hederne ved Skørping og Støvring, men det overordnede billede var nok ikke så forskelligt.

Hvor fattigt og elendigt området omkring kunne være, beskriver folkemindeforskeren Evald Tang Kristensen efter et besøg tæt ved ude i Sørup Mose: »Det var nu ikke let at finde ud til den Mand, han boede midt ude i Mosen i en elendig Hytte, og der var Tørvegrave rundt omkring. Konen var ikke hjemme, og Manden laa i Sengen og var syg. Lige da vi kom ind ad Døren og tren ind i et Rum, der baade var Tørvehus og Kjøkken, stod Manden der ved en stor Spand, der var fuld af Urin. Vi fik ham ledet ind i Sengen[8]«.

Hvordan var det så at bo på heden? Omtalte Evald Tang Kristensen var vant til at gå på øde steder alene. Alligevel skriver han i forbindelse med et af hans besøg her: »Det var nær Aften, og Præsten skulde hjem. Jeg turde ikke tøve længere, da det var næsten livsfarligt at færdes der ude (på heden) om Aftenen, og saa fulgtes vi ad, til vi kom paa højere liggende Land[9]«. Han havde respekt for at færdes på heden, når det blev mørkt.

Hvor galt det kunne gå, beskriver præstedatteren Agnes på Juelstrup præstegård i sine erindringer. »Mor var paa en Efteraarsdag gaaet til Støvring for at udrette Ærinder, og det begyndte at mørknes, da hun gik derfra. Vejen var meget slet, mange Sideveje gik ud fra den, og inden hun anede det, var hun kommet ind på en saadan, - kort sagt, hun forvildede sig ganske, da det efterhaanden blev fuldstædig mørkt, - ingen Huse, tilsidst ingen Vej, - genem hede gik hun paa ømme Fødder, kom ind i en Tørvemose med dybe gravede Huller og smaa Tørvestakke, - videre, blot videre, til hun om sider langt borte saa et Ildsær og i sin skræmte Fantasi mente, at det var Præstegaarden, som brændte. Hun sigtede nu derefter, men saa, da hun kom nærmere, at det var nogle ensomt beliggende Tørvestakke, som blussede af. Mor var nu forberedt paa at skulle tilbringe Natten ude, mens hun fortvivlet tænkte paa, hvor ulykkelige vi var hjemme, men tilsidst, efter Timers vandring, saa hun et Lys i det fjerne, da hun dødsenstræt naaede det, skinnede det ud fra en Gaard, som hed Søgaard«. Hjemme på præstegården havde forpagteren sendt sine karle ud med lygter og lede efter hende. Historien endte dog lykkeligt med, at gårdmanden fra Søgård kørte hende hjem til præstegården i gårdens hestevogn, hvorefter alle blev budt på »Trøste- og Rekreationskaffe[10]«.

Selvom Bertels-Peter og Maren kendte deres lokale område indgående, kunne de i tåge eller mørke også fare vild. En gang var de på besøg et sted langt ude på heden. Bertels-Peter havde fået rigeligt at drikke. En tæt tåge forhindrede dem imidlertid i at køre hjem, så han menter, at de

Lars Peter Stokkildegård slår lyng til foder 1918
(Lokalhistorisk Arkiv for den tidl. Støvring Kommune)

lige så godt kunne blive til den lettede og få en lille en til. Det blev senere og senere, tågen lettede ikke og Bertels-Peter blev mere og mere fuld. Maren var ikke indstillet på overnatning. Hun ville have mand og børn hjem i seng. Vognen blev fyldt med trætte børn, fuld mand og en kone, der ude på den dengang vidtstrakte hede ikke kunne finde hjem i den tætte tåge. Hvordan gik det så Maren i tågen ude på heden? Hun lod simpelt hen hesten gå, hvor den ville. Den var træt og foretrak at gå hjem[11].

Ikke langt fra husmandsstedet lå Juelstrup sø. Her har Bertels-Peter givetvis suppleret kosten med at skyde ænder og gæs. Om han har fisket aborre og skaller i den, er mere usikkert, da fiskeretten var forbeholdt de lodsejere, der havde jord ned til søen. Ligesom bær hjemme på husmandsstedets hedelod tilhørte dem selv. Æggene på søens fugleø Tanholm (kommer af Terneholm efter de mange terner på øen) havde præsten på Juelstrup præstegård eneret på at samle. Øen var for øvrigt på den tid ved at blive landfast på grund søens udtørring. Søen var oprindelig en del af en gamle højmose og havde på den tid en størrelse næsten som i dag. Den var dog under pres for udtørring, da lodsejerne i den tilstødende mose konstant forlængede og rensede grøfterne i mosen op for at lede vandet bort til Guldbækken og derfra videre til Limfjorden. En tørvefabrik i første del af 1870erne havde hertil drænet mosen anseeligt. Bertels-Peter og Maren oplevede derfor søen skrumpe ganske meget i deres tid[12].

Op til søen lå den mægtige Buderupholm mose på over 140 hektar. Herregården Buderupholm havde langt tilbage i tiden ejet den. Den var dog med tiden blevet delt i tre Hæsum, Buderup og Sørup moser, der strakte sig fra søen helt op til Hæsum by. Lodsejerne i henholdsvis Hæsum, Støvring og Sørup havde her moselodder til at grave tørv. Det var en højmose, hvilket vil sige, at det var en gammel mose i den fase, hvor der dannes tørv af aflejrede forrådnede planter. Tørv var et helt essentielt råstof i datidens samfund. Opvarmningen i kakkelovnen gennem vinteren og madlavning på komfuret skete med tørv. Tørvesmuld og stumper - kaldt bælligger - var særlig velegnet i komfuret til madlavning. Mosen rummede gigantisk potentiale for tørvegravning. Praktisk taget alle gårde og huse i de tre ejerlaug havde et moselod til tørvegravning. Som Asta Bundgaard Jørgensen fra Hæsum udtrykker om mosen: »... egnens uundværlige varmecentral (med selvbetjening)[13]«.

Bertels-Peters husmandssted havde selvfølgelig også et moselod til tørvegravning. I Buderup mose - hvor deres lod lå - var tørvejorden så dyb, at der kunne graves i flere etager, hvilket ikke gjorde arbejdet i de små tøvelodder mindre hårdt[14]. Tørvene blev gravet op, når frosten var gået af mosen. Arbejdet kunne tage op til nogle uger, alt efter hvor våde tørvene var. Nogle år skulle de gravede huller tømmes for vand, inden man kunne skære tørvene. Det var hårdt arbejde og tørvebrikkerne var ofte meget fugtige. De blev derfor efter at være fragtet hjem lagt til tørre uden for huset. Årets tørv udgjorde en ret så anselig mængde. Bertels-Peter var ikke desto mindre sikker på, at nogle af hans tørv ind imellem forsvandt. Han havde også mistanke til en nabo, men det var aldrig lykkedes ham, at tage ham på fast gerning.

Det hedder sig, at Bertels-Peter brugte dynamit. Hvor han havde det fra, eller hvor han har tilegnet sig viden til at bruge det, må stå hen i det uvisse. Jernbanebørsterne på banen gennem området har rimeligvis haft adgang til det, men dels brugte banen her ikke lokal arbejdskraft, dels var Bertels-Peter i plads som tjenestedreng på det tidspunkt - og i øvrigt var han alt for ung.

Uanset hvad kom han en mindre mængde af det farlige stof i nogle udvalgte tørv. Dagligdagen gik herefter sin videre gang. Ind imellem sludrede han med naboen. En dag klagede naboen sig over, at hans kakkelovn spruttede så underligt. Bertels-Peter sagde ingenting. Næste gang de

Tørvegravning i Hæsum Mose. Marinus Andersen og Laurits Larsen omk. 1900-1930
(Lokalhistorisk Arkiv for den tidl. Støvring Kommune)

sås, var naboen helt ude af den. Hans kakkelovn var simpelt hen revnet. Bertels-Peter så på ham og sagde lakonisk, at så kunne han bare lade hans tørv i fred[15].

I dag er heden borte. Søen er til gengæld genetableret, efter den udtørrede helt i 1921. Endelig er en mindre del af mosen intakt tilbage. Den er dybt fascinerede, da man inde i den - som det eneste sted i landet - kan se niveauforskellene, hvor der af flere omgange blev gravet ned i den efter tørv.

En hård mand

Bertels-Peter kunne være charmerende og en fests lysende midtpunkt. Han var som sådan samlingspunkt for mange mennesker i omegnen, og ikke sjældent samledes drikkebrødre fra fjern og nær hjemme hos ham. Her excellerede han i at fortælle om overnaturlige ting, som der var frodig grobund for i datidens samfund. Han elskede at ryste sine tilhørere med sine historier. Under en sammenkomst fandt han på, at hele selskabet skulle forskrive deres sjæl til fanden. Ideen vakte bifald. Bertels-Peter - der var særlig kunstnerisk anlagt - indridsede herefter alle de tilstedeværendes navne i klukflasken, som de så drak fandens pris af. Hans brødre i fanden var bagefter lidt beklemte ved det hændte og besluttede som gengæld, at de ville skræmme ham.

Der gik et sagn om en fremmed, der på sin vej over heden blev myrdet af natmænd. Folk mente herefter, at de i de sene nattetimer havde set og hørt klage fra gerningsstedet. Bertels-Peters svirebrødre blev enige om, at få ham til gå ud til stedet i midnatstimen og se om rygterne talte sandt. De havde i forvejen så arrangeret et udhulet græskar med lys i, og ventede nu bare på ham. Han kom da også til den aftalte tid, men da han fik øje på det formodede spøgelse, gik han med sindige skridt hen til det og gav det et spark så græskarstumper stod til alle sider[1].

På trods af det sociale sindelag blev Bertels-Peter med tiden mere og mere bitter med hang til flasken. Flere i eftertiden betegnede ham som en hård mand. Når han begyndte at drikke, kunne han ikke stoppe igen. Det skete ofte, at efter at have været ude på arbejde sammen med en af sine drenge, kom han blot hjem for at aflevere drengen og fortsætte på druk. Når han blev fuld måtte Maren sprogligt stå model til lidt af hvert. I deres senere år blev hun imidlertid en stor kraftig dame, der når han kom for fuld hjem, simpelthen smed ham ind i væggen, så hele huset gungrede, hvorefter hun lagde ham i seng. Mange fattige husmænd sank på den tid ned i druk og mistede deres sted. Der er ingen tvivl om, at det var Maren, der holdt sammen på den lille familie. Vurderingen af Bertels-Peter var dog ikke entydige. Præsten gav senere udtryk for, at han på en måde godt forstod ham. Han mente Bertels-Peter havde gode sider, var kreativ og intelligent, men uanset ideer, evne og vilje ville han aldrig kunne udfolde sine interesser og hæve sig op fra at være ludfattig. Graveren på kirkegården mente tilsvarende, at han havde det svært, fordi han var begavet.

Det er i lokalsamfundet i eftertiden sagt om hans forhold til datteren Trine, at han »ikke holdt af, faktisk nærede had« til hende, fordi hun stod for det, som havde berøvet ham hans frihed. Den voksne Stryge-Trine holdt omvendt heller ikke af ham, om end hun på sine gamle dage godt kunne fortælle om sin far. Hendes syn på ham var en blanding af afstandstagen fra hans manglende evne til at holde sammen på hjemmet og fascination af især hans fortælleevne og fanden-i-voldskhed. Mange af hans overnaturlige fortællinger, holdt hun selv meget af at fortælle videre.

Hun fortalte engang sit barnebarn Ruth om en mand, som hun kom i snak med. Han fortalte en lang historie om et vældigt drikkegilde, som han havde været til hos en lystig fætter uden på heden - ja, det endte så galt, at de væltede kakkelovnen. Her afbrød han sig selv med, at manden for resten da hed Bertels-Peter - om Trine ikke kendte ham? Højt oppe i årene erklærede hun med sort humor, at når hun engang døde, ville hun ikke i samme grav som ham. For som hun sagde: »Så ville jeg aldrig få et roligt øjeblik!$_2$«.

Bjergfolk, varsler og fanden

Ifølge familietraditionen var Bertels-Peter en passioneret historiefortæller, der kunne tryllebinde sine tilhørere. Historierne kredsede ofte om det overnaturlige. Han havde evnen efter sin far Bertels. Jeg har dog kun kendskab til en enkelt af deres historier. Da Stryge-Trine havde besøg af Aalborg Stiftstidende på sine gamle dage, spurgte journalisten sidst i interviewet: »Hvor har De hørt alle de gamle historier De kan?« Stryge-Trine svarede: »Først af min bedstefar. Han kunne historier om folk, der var synske og saa de mærkeligste ting. Jeg kan huske, han fortalte een om en møller i Himmerland, der havde nogle hemmelighedsfulde bøger, fordi de var laaset inde i et skab. Saa hændte det en søndag, at mølleren var gaaet i kirke og husholdersken opdagede, at nøglen sad i skabet. Hun kunne ikke modstaa fristelsen, men tog en bog ud, som hun gav sig til at læse i. Saa lige med et stod der til hendes forskrækkelse en mærkelig mand I stuen og spurgte om, hvad hun skulle bestille. Pigen gav ham en ske og bød ham at grave en mægtig stor hulvej i nærheden af møllen. Det tog nu ikke saa lang tid, saa stod han der igen og spurgte: hvad nu? Saa gav hun ham et sold og bød ham med det at øse vand af mølledammen. Det kunne han alligevel ikke, for ligesom han fik vand i soldet, løb det altsaa ud igen. Imidlertid kom mølleren hjem, og nu gjaldt det om at faa den celebre gæst sat paa porten, men han havde jo gravet hulvejen, og det ville han have betaling for. Da hverken mølleren eller pigen havde lyst til at følge med ham, lod han sig da nøje med lænkehunden, for noget levende ville han have. Den gamle hulvej findes endnu ved møllen som en mindelse om svundne tiders mystiske sagn«. Stryge-Trine sluttede af med: »Det var een historie, men jeg kan mange endnu. Nu sætter jeg kedlen paa til kaffe, og saa skal De faa een til ...[1]«.

Når Stryge-Trine fortalte, at hun har fået fortalt historien af sin bedstefar - som må være den gamle Bertels - kan det ikke være sandt. Han døde før hun blev født. Hun har derfor sandsynligvis fået den fortalt af sin far Bertels-Peter. Både han og hans far var dog del af en lokal fortælle- og historietradition - den som Trine kaldte svundne tiders mystiske sagn. Denne tradition og disse sagn ved vi imidlertid rigtig meget om på grund af en mand, der vandrede rundt i landet og besøgte almuens fortællere - så lad os følge efter ham.

Den 22. maj 1897 kom denne mand i en aldrende udgave med hvidt skæg gåede forbi Juelstrup Præstegård mod Sørup. Han havde en lang stiv regnfrakke på, lange støvler og en kasketagtig hue til at slå ned om ørene. Han gik med en paraply og havde sin oppakning i en skuldertaske. Det var Evald Tang Kristensen. Han var folkemindesamler før noget sådan eksisterede. Egentlig var han skolelærer, men han tog rundt hos landalmuen og indsamlede lokalt fortalte sagn og historier. Han finansierede sine ture og arbejde ved at sælge sine bøger. Det indsamlede materiale er i

Evald Tang Kristensen (N.A.E. Ring - Det Kgl. Bibliotek)

dag en enestående kilde til forståelse af en kultur i en befolkningsgruppe, der ellers sjældent får mæle i historien. Vi kommer her helt ind i deres tanker og forestillingsverden.

Han havde fået anbefalet at tale med en gammel pensioneret vejmand Peder Bertelsen kaldt Bojer-Peder (udtalt som Båjj Peder), der skulle kunne fortælle lokale sagn og historier[2]. Bojer-Peder var kommet til Sørup som ung fra Aalborg og havde de sidste fyrre år boet her. Trods navnet var han ikke i familie med Bertels-Peters far af samme navn - der som tidligere nævnt også havde været historiefortæller. Den gamle og unge Peder Bertelsen i Sørup havde dog kendt hinanden. Bertels-Peter kendte ham også udmærket. Både hans onkel gårdmanden Anders og hans stedfar husmanden Laurids havde været faddere for Bojer-Peders børn[3].

Evald Tang Kristensen fik i Sørup spurgt til, hvor denne Peder Bertelsen boede og ankom til hans hus lidt hen på eftermiddagen. Fordøren var låst, men ved »Nørredøren« traf han konen. På spørgsmålet om hvor manden var, svarede hun helt kort: »I Mosen«. Han spurgte så, hvornår han kom hjem. Hun svarede uvilligt: »Ja, han kommer ikke, inden det bliver Aften, og saa er han træt og gaar straks i Seng, for han er jo en gammel Mand«. »Kan man saa ikke træffe ham i Morgen tidlig?« spurgte folkemindesamleren. »Nej, han rejser sig Klokken fire, og saa gaar han straks ud i Mosen, for vi skal jo have vore Tørv gravet, nu er det lige Tiden til det«. Folkemindesamleren kunne godt fornemme, at det ville blive svært, men han fortalte hende, hvad hans ærinde var. »Nej, han kan saamænd ikke fortælle noget, ikke det mindste«, svarede hun med stor overbevisning, »det er noget, han aldrig har givet sig af med«. »Har De da aldrig hørt ham fortælle saadanne gamle Ting?«. »Nej, aldrig, nej. De er gaaet helt Fejl her, gode mand«. Det kunne folkemindesamleren nu ikke helt forstå, for han havde fået at vide, at han var en dygtig fortæller. Konen svarede: »Ja, saa har man bildt Dem noget ind, gode Mand«, hvorefter hun demonstrativt vendte ryggen til. Folkemindesamleren måtte trist til mode gå med uforrettet sag.

Bojer-Peder og hans kone Trine (Lokalhistorisk Arkiv for den tidl. Støvring Kommune)

På vejen tilbage kom han igen forbi Juelstrup Præstegård, hvor han valgte at gå ind at hilse på præsten, som han kendte fra tidligere. Her fortalte ham om konens afvisning, hvortil præsten sagde: »Jeg vil nok antage, at Manden kan noget, og De maa have talt med ham«. Folkemindesamleren mente dog ikke, at det kunne lade sig gøre, da han havde fået at vide, at »... i Morgen tidlig Klokken fire skal han i Mosen«. »Nej, saamænd skal han ej«, svarede præsten. »Bliv De nu her til i Morgen, saa følges vi ad derud«. Folkemindesamleren lod sig overtale, og næste morgen var han tidligt klar og utålmodig for at komme afsted. Præsten tog det dog ganske roligt, og de forlod først præstegården klokken syv. Et halv time senere var de ved huset, og manden var rigtig nok hjemme i færd med at male et gravkors.

Det viste sig at han var flink og villig til at fortælle, og snart var de bænket. Folkemindesamleren fik sin blok og fyldepen op af tasken og var klar til at skrive ned. Tidligere havde han brugt pen og blæk, så fyldepennen var et stort fremskridt. Han kunne dog ikke dy sig for at spørge konen, hvorfor hun havde afvist ham dagen før. Efter lidt tåget udenomssnak svarede hun: »Ja-a, der er saa mange, der løber omkring og bilder os noget ind«. Folkemindesamleren kunne ikke lade være at bore videre: »Ser jeg da ud som en Landstryger?« Det måtte hun jo indrømme, at han ikke gjorde. »Men a kunde da aldrig tro, der var nogen, der gik omkring og vilde samle paa saadan noget, det har en da aldrig hørt før. Men da De saa kom i Dag igen, og Præsten var med, saa kunde a jo forstaa, at det var Alvor«. Det kneb dog med at få gang i fortællingerne, og både Bojer-Peder og konen undrede sig tydeligvis over, at præsten skulle være med. Derfor bad folkemindesamleren denne om at tage hjem, og da han ikke sad og lyttede med, kom der gang i historierne[4].

Vi har i dag normalt et distanceret forhold til det overnaturlige, hvilket på ingen måde var tilfældet hos landbefolkningen i Himmerland i 1800-tallet. Gengangere, djævle og sagnfolk var en yderst virkelig del af forestillingsverdenen. Bojer-Peder fortalte således den dag Evald Tang Kristensen en historie om fanden, som han havde hørt af gamle Anders Busted: »Landevejen gik den gang gjennem præstegården i Juelstrup og op ved præstens høje. Han (Anders Busted) kom en morgen tidlig og vilde til Aalborg, men da han kom lige for højene, kunde han ikke få hestene af stedet, de røt lige ud af alle stropper, men uden nytte. Så vidste han aldrig, hvordan det kunde være, men gik hen æfor ved hestene og slog hovedlaget til side og så ind imellem ørerne på dem. Da sad Fanden bag i vognen. Han slog så kors for hestene, og nu var der ingen ting i vejen. A sagde til ham: "Hvordan så han ud?" – "Ja, du kan tro, det var en grim killing"[5]«. Når talen faldt på fanden, kunne den dog blive så farlig, at Bojer-Peder ikke turde sige det, som da han opremsede en besværgelse, som brugtes, når man var blevet bestjålet: »Alle fire verdens djævle lede denne tyv hid, som stjal mit gods den dag (tidspunktet!) og på det sted (stedet!), hvor det er stjålet og skal gives tilbage«. Herefter fortalte han, at man skulle kalde på djævlene, til hvilket folkemindesamleren spurgte »Nå, hvordan lyder det?«, hvorefter Bojer-Peder udbrød »Nej, uu baws, det vil a rigtig nok ikke sige, det er alt for forfærdeligt[6]«.

Bojer-Peders historier handlede dog om andet end fanden. Ofte indgik hvad der i folketroen går under betegnelsen bjergfolk. Navnet kommer af at bjergtage, hvilket oprindelig betød lokke eller slet og ret forhekse. Bjergfolk bor i høje og under huse, står bag uforklarlige hændelser og råder om natten. De er overnaturlige væsener som trolde, bakkefolk, højfolk, puslinger, dværge og vætter[7]. De var dog ikke nødvendigvis farlige, som i følgende historie: »Et Sted gjorde en Mand Bjærgfolkenes Ovnrafte i Stand, og saa fik han et Stykke Skoldkage for det og spiste det. Det bekom baade ham Og hans Folk godt[8]«. Skoldkage eller skoldekage var efter sigende bjergfolkenes bagning - konkret var det et fladt brød bagt på rug og vand i ovnmundingens gløder[9].

Med til bjergfolk regnedes dværge. Følgende historie havde Bojer-Peder fået fortalt af Kristen Jensen om den aften, da denne havde Bryllup: »... da dandsede de en bitte Krumme. Den Gang de var færdige med det og komne til Ro, saa blev Dandsesalen omentrent fuld af ene Dwarre; og saa vilde han ind og se, hvad det var, der gjorde Spektaklet. Da kom der én, som var mere fint paaklædt end de andre, og spurgte, om de maatte have Lov til at more dem der, for det havde de bestemt dem til og gaaet og glædet dem til i lang Tid. Kristen siger ja, og saa byder den anden ham et Stykke Skoldkage. Men han turde ikke tage det. Saa gik han igjen, og de andre blev ved at more dem. Det foregik i den Gaard, der ligger en halvanden hundrede Favne fra den Høj i Lundby, der hedder Kongenshøj[10]«.

Bjergfolk (Tegning af Johan Thomas Lundbye)

Bojer-Peder fortalte også en historie om bjergfolk, som nogle små nogle med røde huer. »En Gang var a henne ved en Søster i Mølgaardshusene paa Ridemands Mølles Mark, Hornum Sogn. A gik derfra om Aftenen med min Kone og min Søn Anders, og han rendte et lille Stykke forved os. Da vi kom hen forbi et Hus, der kaldes Kragedal, saa ligger der en Høj et bitte Stykke sydvest for Huset, og tæt ved laa en stor Graasten. Ligesom nu Drengen løb, saa kom han tilbage og tog mig i Haanden og sagde: "Aa, Faaer, Faaer, sikke bitte nogle der render henne ved den Sten og dandser med røde Luer paa, og se, nu faldt der to over hverandre. Maa a ikke løbe hen og lege med dem?" A kunde ingen Ting se og sagde til Drengen: "Aa, Sludder!" og saa gik vi videre. Han forsikrer endnu den Dag i Dag, at han saa dem, det er ikke uden en halv Time siden, vi havde Snak om det[11]«. Nu vil nogle måske indvende, med de røde huer skulle det mon så ikke være nisser. Der er bare hertil at sige, at Evald tang Kristensen rubricerede historien under bjergfolk, og lokalt opfattedes de som bjergfolk, som man mente ofte havde røde huer på, som i en historie fortalt af en kone i Støvring: "Der var bjærgfolk med røde luer i Kvasthoj i Ellidshøj, og når folk om dagen lagde sig på højen, kunde de høre, hvordan bjærgfolkene slog kister i låse der nede[12].«

Tilbage til Bojer-Peder. I hans historier om den overnaturlige forestillingsverden indgik også frimurer, som blev opfattet som decideret skræmmende. Ikke fordi der var nogen i denne del af landet på den tid, men der var mange historier om dem og deres hemmelige ritualer. De opfattedes med stor mistro, som i denne noget barske historie: »En mand havde snyltet sig op på loftet over frimurerlogen og boret et hul for at kikke ned. Da de var forsamlede, sagde formanden: "Nu er vi forsamlede, men der er et øje for mange". Dermed pikkede han op og pikkede mandens øje ud[13]«. Dramatikken fik lige en tak i til i den efterfølgende historie: »En mand åbenbarede det for hans kone, at han var frimurer, og så gik hun til formanden og vilde have ham mældt ud og sagde, at hun havde fået lov af manden. Så gik han hen og hent et portræt og spurgte, om det var det. Ja. Ja, så skulde han nok blive mældt ud. Da hun så kom hjem, var hendes mand død[14]«.

114

Det mystiske, uforklarlige og hemmelige var dragende elementer i det overnaturlige. Cyprianus var ifølge traditionen en troldmand i antikken, som udarbejdede en gammel håndskreven bog med medicinske opskrifter og trylleformularer. Om denne bog kunne Bojer-Peder følgende historie: »A har haft Cyprianus. Der var to stykker i den, der var streget inde i trekanter. I den ene stod der om at læse Fanden til sig, og i den anden at læse ham fra sig. Når de vilde læse det, skulde de lige vende bogen om og læse fra neden af op ad[15]«.

Det overnaturlige var dog ofte uforklarlige hændelser, som historien om da »Kristen Jensen fra Lundby gik en Søndag Eftermiddag og daskede i Marken, og saa lagde han sig paa Kongenshøj og vilde have en bitte Hvile. Der faldt han i Søvn, men hvor længe han sov, vidste han ikke. Da kom der en kold Haand og satte sig paa hans Kjæve, og saa rejste han sig op paa Enden. Men da han ingen Ting saa, lagde han sig igjen. Nu kom den kolde Haand paany, og da klemte den nok saa haardt, og saa rejste han sig og gik hjem«. Det er sandfærdig understregede Bojer-Peder med argumentet »for den gamle Kristen Jensen han fortalte det selv, og han var en rar gammel Mand[16]«.

Et gennemgående tema i historierne var varsler, som denne af Bojer-Peder selvoplevede historie om et dødsvarsel: »En Gang lav a var Vejmand, da gik a paa Vejen ved Støvring Mølle ved Lag Kl. 11 om Aftenen. Da kom a imod en Ligskare. Der var 9 Vogne, og a kunde se baade Hestene og Folkene paa Vognene. Det kom akkurat saadan som i en Hvirveltaage, det vringlede og flimrede, ligesom naar Lokken saar Havre, men a kunde godt se, hvad det var. A kom hjem og fortalte min Kone det, og da var a syg, og det gik ikke væk, inden 24 Timer efter. 14 Dage efter kom de med Liget, det var Fader til Smeden i Støvring, han hed Per Knudsen og blev begravet tredje Pintsemarkends Dag. Der var ogsaa 9 Vogne i Ligfølget, og saa regnede a jo ud, det var det, a havde set. A fortalte det ogsaa til Smeden, men den Gang var hans Fader endnu ikke syg[17]«.

Et andet gennemgående tema var besværgelser. De kunne have et meget konkret formål som: »Når en ting er bleven stjålen væk, og de véd ikke,

hvem personen er. Så skal du tage et hvidløg og brød, og binde begge i dele un-
der din venstre arm, når du går til sengs, så skal tyven vise sig for dig i drømme.
Men idet du vågner, må du ikke gnide baghovedet med dine hænder, da du ellers
glemmer, hvad du har drømt. Når du har set personen, kan du nok udforske,
hvem det er18«. Når man havde gjort dette, kunne man følge det op med en ny
besværgelse: »Tag i tyvens navn et nyslagt hønseæg, bind en grøn silketråd
derom og læg det ligeledes i hans navn i hede aske. Så har tyven ingen ro, men
bringer det stjålne tilbage igjen[19]«. Besværgelser kunne også bruges i ægte-
skabet: »Om gifte folk tror, at de har en hemmelighed for hinanden. Tag tungen
af en frø og læg på hendes bryst, når hun sover, spørg hende så sagte til, så be-
kjender hun alting for dig men nævn ikke hendes navn[20]«.

Sådan fortsatte Bojer-Peder med at fortælle historier den dag, og da
Evald Tang Kristensen endelig lagde blok og fyldepen væk og tog af sted,
var han svært tilfreds med dagens resultat. Inden vi forlader Bojer-Peder
helt, så sluttelig en historie Kristen Bæk fra Støvring fortalte om ham:
»Båjj-Peter, der nu er vejmand og bor i Sørup, var en gang i Aalborg og spurgte
en mand om at kjøre med ham hjem. Han sagde nej og var endda ene på vognen.
Så gik Bude-Peter om forved bæsterne og bandt dem, te de kunde ikke løbe, og
så gik Peter ved siden af vognen - nu kunde den anden jo ikke kjøre fra ham indtil
de kom til Støvring kro, der gik han forved bæsterne og løste dem igjen[21]«.

Bertels-Peter var yngre end Bojer-Peder og nok mere kompromisløs,
konfrontatorisk og kontroversiel - samt ikke mindst præget af omgangen
med brændevinsflasken. Bojer-Peters historier og univers har dog helt sik-
kert indgået. De kendte og boede ikke lang fra hinanden. Evnen til at for-
tælle arvede både stryge-Trine og Lauritz. Når de fortalte, kunne de
begge blive meget ivrige og leve sig ind i deres historier. Lauritz hamrede
så sin store næve i bordet, så det hoppede og dansede. De tidligere histo-
rier om deres far Bertels-Peter stammer fra dem[22]. Nok om sagn, det
overnaturlige og fortalte historier og tilbage til den lille Trine.

Energisk og videbegærligt barn

Trines farmor blev tidligt klar over Bertels-Peters uvilje mod sin ældste datter og tog hende til sig. Trine voksede derfor op hos bedsteforældrene i Sørup. Farmoren Mette Katrine var da i halvtredserne, og stedbedstefaren Laurids var ti år yngre. De var alene om driften af husmandsstedet og måtte arbejde hårdt for tilværelsen. Selvom Trine ikke voksede op hos sine forældre, passede hendes lillebror Lauritz udsagn om, hvad de som børn fik med ud i verden ganske godt også på hende. Det var: »... tre ting: et par træsko, gode kræfter, - og viljen til at bruge dem$_1$«.

Trine var et naturbarn - hun »elskede at lytte til frøernes sang i mosen, ligge på toppen af en gravhøj ude på Støvring hede og nyde hendes yndlingsblomt lyngen«. Hun var også både et energisk og videbegærligt barn. Hun havde en brændende lyst til at læse videre ud over de tvungne skoleår, men det tillod de økonomiske midler ikke. Husmandshjemmet i Sørup var et fattigt hjem, og hendes barndom var præget af pligter og hårdt arbejde. Det fortælles, at hun på vej hjem fra Sørup skole stjal sig tid til at sidde i grøften og lade sig opsluge af læsning. Hun vidste godt, at det var en forbudt luksus for fattige børn. Pligterne derhjemme ventede. Hun var imidlertid så opslugt af læsningen, at tiden stod stille. For at indhente noget af den

Sørup gamle skole på Trines tid (Lokalhistorisk Arkiv for den tidl. Støvring Kommune)

Trine forest til højre - sandsynligvis ved hendes konfirmation 1887

forsømte tid, tog hun træskoene i hånden og styrtede hjem på strømpe-
fødder i håbet om, at farmoren ikke opdagede hendes ophold. Det med-
førte et nyt problem, nemlig at skjule de våde og snavsede
hjemmestrikkede strømpefødder. Det var en kunst, at på den ene side ud-
folde sig og på den anden side at undgå ubehageligheder for det[2].

Trine kom ud at tjene som trettenårig. Det var hårdt. I mange år
sled hun fra fire morgen til ti aften for omkring 90 kroner om året. På sine
gamle dage så hun dog med milde øjne på det og lovpriste arbejdet. Ja,
hun var ikke fri for at romantisere det. »Dengang var vi langt mere tilfredse
med tilværelsen. Vi havde det rigtig så sjovt, når vi alle - både piger og karle - ar-
bejdende i marken dagen igennem, eller når vi malkede og efter aftensmaden lap-
pede og stoppede i folkestuen. I høsttiden gik det til med stor lystighed. Vi havde
mad, en tår øl og sommetider en lille dram med i marken, og det blev sat til livs
under megen skæmt«. Hendes konklusion var: »Der er dog ingen, som har det
rigtig dårligt herhjemme nu. Det var der såmænd heller ikke dengang". Hun slut-
ter dog med at indrømme: "... men vi skulle arbejde mere for føden[3]«.

Som fjortenårig blev Trine konfirmeret i Gravlev Kirke. Buderup og
Gravlev sogne var i 1867 blevet skilt ud fra Aarestrup sogn. Præsten prak-
tiserede dog fortsat, at alle - uanset i hvilke af de to sogne de boede - en
given konfirmation blev konfirmeret i samme kirke. Det år var forårskon-
firmationen med Trine derfor i Gravlev kirke, og efterårskonfirmationen
var i Buderup kirke. Der var dog nogenlunde lige langt til Buderup og
Gravlev kirker fra Sørup, hvor Trine på det tidspunkt var. Alle konfirman-
derne på hendes hold fik meget god i opførsel, så det kan man ikke udle-
de noget af. Trine fik derimod ug i kundskab som en af de få[4].

Stadig helt ung kom hun i huset som tjenestepige tre måneder i Aal-
borg. Den større by var dog ikke hende, hun længtes frygteligt hjem. Hver
ledig stund løb hun ned til stationen og så efter togene til Støvring[5]. Efter-
følgende kom hun som tjenestepige på Støvring Kro. Det var på den gam-
le krogård med avlsbygninger og gæstestald, der lå på den anden side af
Hobro-Aalborg landevejen i forhold til den i 1904 senere opførte kro i

Støvring gamle gårdkro omk. 1900 (Lokalhistorisk Arkiv for den tidl. Støvring Kommune)

Jernbanegade. Det var en gammel kongelig privilegeret landevejskro, som kroejer Lars Jensen egenhændigt havde styret i tredive år. Han var egentlig ubemidlet fiskersøn fra Nibe, men havde giftet sig til kroen. Den var gået godt for ham, og han var i sine senere år yderst aktiv i byens andelsbevægelse. Udover krodrift var der tilknyttet en mark i Hjordal og et par hedeparceller i Hæsum, så landbrug var nok så meget en del af pladsen. Ud over Trine var der endnu en tjenestepige, en staldmester og en tjenestekarl[6].

Et halvt pund chokolade

Efter sin plads på Støvring gamle gårdkro kom Trine til Støvring Mosegård tæt på forældrenes husmandssted. Det kom til at betyde en afgørende ændring i hendes liv.

Gården havde en speciel historie. Den stammede oprindelig fra den sidste tilbageværende gård i det nu nedlagte ejerlaug Vittrup vest for Buderup kirke. Da ejerlauget blev nedlagt og jorden lagt under herregården Buderupholm i årene 1755-60, blev gården som den sidst tilbageværende i Vittrup flyttet ind til Støvring landsby. Familien fik i Støvring tilnavnet Vittrup, som siden blev deres slægtsnavn. Efter landboreformernes udskiftning af jord blev gården udflyttet til øst for Juelstrup sø i kanten af moseområdet, hvorfor den fik navnet Støvring Mosegård - lokalt blot kaldt Mosegården. Den oprindelige ejerslægt Vittrup havde dog på det tidspunkt for længst solgt den[1].

Da Trine kom til, var familien der så småt begyndt at kalde gården for Porsborggård. Historien bag dette begyndende navneskift var, at den daværende ejer Lars Peter Kristensens svigerfar Anders Jensen kom fra en gård med navnet Porsborg umiddelbart syd for Lynderup i Giver sogn. Familien her blev kaldt Porsborg som tilnavn. Som søn fra denne gård blev Anders Jensen derfor kaldt Anders Porsborg, og da han erhvervede Støvring Mosegård i 1840erne brugte han tilnavnet på den nyerhvervede gård. Han gjorde det grundigt, for han navngav sin datter Otine Porsborg. Da hun som voksen giftede sig med Lars Peter og de overtog gården, kom både hele familien og gården med tiden til at hedde Porsborg. Lars Peter tog officielt efternavnet Christensen Porsborg i 1906 hos By- og Herredsfogeden i Nibe, ligesom deres børn fik navnet indskrevet i kirkebogen. Det tog dog lang tid, inden det nye navn slog igennem i lokalbefolkningen[2].

Gårdejerparret Lars Peter og Otine var glade for den humørfyldte, livlige og fornuftige nye tjenestepige. På gården tjente også den næsten ti

Ottine, Laura, Alma og Christen Porsborg foran Støvring Mosegård omkring 1910

Christen, Alma og Ottine Porsborg omkring 1910

år ældre Jens Martinus Jensen oppe fra Vendsyssel. Han havde et noget blakket rygte med blandt andet værtshusslagsmål. Bønderne var dog glade for ham, da han kunne bestille noget. Udover at være god til sit arbejde, var Jens Martinus også kendt for at kunne charmere og komme i lag med tjenestepigerne. En dag havde han overfor husbond pralet med alle hans damebekendtskaber. Denne var blevet irriteret og sikker på, at den selvsikre karl ikke havde en chance med Trine og derfor sagt: »… men Trine - hende kan du i hvert tilfælde ikke få«. De havde herefter væddet et halvt pund chokolade. Det kunne karlen imidlertid godt, og Trine blev med barn. Som sin mor og oldemor oplevede hun dog, at barnets far svigtede. Jens Martinus forlod gården med sin chokolade. Til gengæld havde husbond dårlig samvittighed over sit dumme væddemål, så Trine fik lov at blive[3].

I en alder af blot nitten år fødte Trine den 21. juni 1892 en pige. Da familien på gården ville passe på Trine, blev hun bedt om at blive i sengen efter fødslen. Efter en uges tid fik hun imidlertid barselsfeber og var ved at dø. I sin nød bad Trine til Gud om at blive rask, men så tænkte hun, at hun hellere måtte komme op af sengen og bestille noget - og så blev hun rask[4]. Ved dåben om efteråret var Trine stadig fascineret af pigens far Jens Martinus og kaldte barnet Jensine Martine - dog aldrig kaldt andet end Martine. Det hører med til historien, at Martine var et rimeligt almindeligt pigenavn lokalt på den tid. Præsten skrev uægte om barnet og timånedersdagen i sognet i kirkebogen akkurat som ved hendes egen fødsel. Faddere var et husmandspar, en karl og en pige fra Sørup, som hun alle var knyttet til, samt trofast som altid stedplejefaren Laurids[5].

Trines alder og position taget i betragtning havde hun ikke mulighed for at forsørge og passe et barn. Ligesom hun var vokset op hos sine bedsteforældre, voksede den lille Martine derfor nu op hos sine bedsteforældre Bertels-Peter og Maren ude på Støvring hede. Selvom Martine ikke boede hos sin mor, havde de gennem hele hendes opvækst kontakt og bevarede en tæt forhold gennem livet[6].

Om Martines far Jens Martinus fortalte Trine, at han kom fra Løkken oppe i Vendsyssel og var resultatet af, at hans mor mødte en sorthåret mørklødet søkaptajn - formentlig spanier - ved navn Martinus; muligvis Martinez. Denne stak dog til søs igen, men det var ham Jens Martinus var opkaldt efter og havde sin mørke lød fra. Han voksede op i Løkken, hvor hans mor ernærede sig som syerske. Trine var stadig sent i livet betaget af ham og beskrev ham som en overordentlig smuk og begavet mand, dog med en rap tunge og når noget gik ham imod et ustyrligt temperament. Han stak til søs som sin far, men rastløs som han var, blev han aldrig ved noget i længere tid. Han havde til gengæld håndelag for alt, og det blev sagt om ham, at alt lykkedes for ham. Som landarbejder kunne ingen følge ham hverken i roerne eller i tørvene. Da han senere tog job som møllersvend, erklærede mølleren, at han aldrig havde haft så dygtig en møllersvend. Desværre brugte han ikke kun sin styrke på melsækkene, men var frygtet som en stor slagsbror. Trine mente dog, at han ofte blev udfordret. Sagen var, at lige så højt han var elsket af bønderpigerne, lige så meget var han hadet af bønderkarlene. Det var dog ikke lige fine metoder han brugte. Han var engang blevet arresteret for at have benyttet en ituslået flaske som våben[7].

Lad det være sagt med det samme, Jens Martinus fortælling til Trine om hans baggrund og familie i Løkken var på ingen måde hverken fyldestgørende eller helt sandfærdig. Han blev godt nok født i Løkken. Hans morfar var fisker, der døde tidligt. Da Jens Martinus blev født var hans mor fattiglem med fire fødsler med forskellige mænd bag sig - alle fire børn var dog døde. I en alder af syv år kom Jens Martinus på Skjøttrup Fattiggård - vel at mærke alene uden sin mor. Her var han gennem sin barndom, indtil han blev konfirmeret. Den følgende plads blev han kun kort i, inden han begyndte at strejfe rundt uden fast holdepunkt. Tre dage før sin 17 års fødselsdag blev han dømt til 15 slag med rotting for tyveri. Rotting var et stort spanskrør, der blev brugt til legemsstraffe på mandlige forbrydere mellem 15 og 18 år. De følgende fem år blev det til først 8 dage og senere 4 gange 5 dage på vand og brød begge gange for tyveri og betleri. Efter endt militærtjeneste i marinen - alle unge mænd fra Løkken kom i søværnet - blev han endnu engang taget og dømt for tyveri. Resultatet var denne gang 18 måneders forbedringshusarbejde dømt ved højesteret. Han sad i Vridsløselille fængsel på Sjælland fra 1888 til 1890. Efterfølgende tog han til Himmerland for at begynde forfra. Han fik dog hurtigt rodet sig ud i slagsmål og idømt 8 dage på vand og brød. Da det var udstået kom han til Mosegården.

Efter at have gjort Trine med barn og forladt gården, blev han i omegnen. Han kom først til Volsted som tjenestekarl og efterfølgende til Gerding. Han kom dog hurtigt i problemer igen. Først endte han igen i slagsmål og fik 3 gange 5 dage på vand og brød for vold. Derefter gjorde han endnu en tjenestepige med barn. Endelig i en alder af 29 år kom han

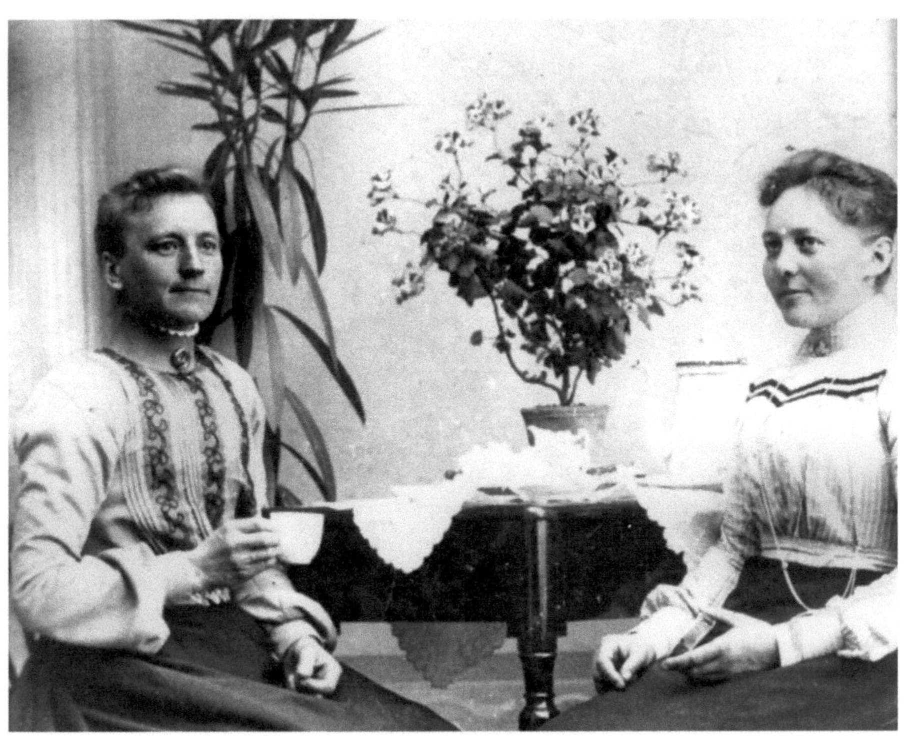

Ottine Porsborg og Trine omkring 1900

Trine med børnene Ottilie kaldt Tille og Laura Porsborg omkring 1905

af dage efter et drikkelag i Gerding Fattighus. I fuldskab lå han med halsen hvilende på bordkanten ude at stand til at rejse sig, hvorfor han blev kvalt i sit eget bræk. Trine hørte om det og var livet ud overbevist om, at han blev ombragt. Politiundersøgelsen viste dog, at det næppe var tilfældet[8].

Trine var gennem livet meget åben om Martines far og det famøse væddemål. Hendes mors familie var imidlertid knap så åbne. Der opstod derfor en skrøne i noget af familien om, at Trine fik Martine med en Australien-Peter, som tog tilbage til Australien bagefter. Da nogle i denne del af familien hørte, at Trines yngste barnebarn Debora senere en årrække flyttede til Australien, blev der derfor spekuleret i, om det var for at lede efter sin morfar[9].

Tilbage på Støvring Mosegård (Porsborgården) blev Trine ikke blot, hun blev de næste mange år og opbyggede et livslangt varmt venskab

Familien Porsborg: Laura med cyklen. Baggerst Anthon, Chresten, Ottilie 'Tille' Forrest Alma, Trine og Ottine omkring 1920-1930

med familien - ja blev vel egentlig en del af familien. Hun blev tæt veninde med fruen på gården Ottine, som kun var fem år ældre. Børnene elskede Trine og så hende vel nærmest som en moster[10]. Husbond Lars Peter på sin side meldte sig til »Præmieforeningen for Hornum og Fleskum Herreder til Belønning af tyende for lang og tro tjeneste« for at kunne hædre hende. Foreningen bestod af gårdejere med godsejer Dahl på Buderupholm i spidsen, der betalte et mindre årligt kontingent, som så gik til at præmiere indstillede tjenestefolk. I 1896 fik Trine en præmie på 10 kroner for fem års tro tjeneste og i 1900 5 kroner for yderligere tre år[11].

Nævnte godsejer Fredrik Dahl på Buderupholm var på dette tidspunkt egnens store mand, men han havde et stigende problem. Sidst vi mødte ham, var da Trines mor Maren var husbestyrerinde på herregården og han ung godsejersøn. Han giftede sig efterfølgende med sin kusine og overtog gården. Hans historie og eftermæle blev dog problematisk. Helge Søgaard og Helge Qvisttoff skriver i deres bog om Lindenborg å: »Desværre fik godsejer Dahl en krank skæbne, for udover interessen for kunst havde han også en lidenskab for at spille. På egnen blev der talt meget om hans spillelyst, og han afstod gennem årene adskillige gårde på egnen. Kromand Frimuth Engelst oppe på Rebildhus sagde engang, at "når kusken med ponyvognen henter godsejeren ved stationen i Skørping, kan man se armoden flyde ud af frakkeskøderne". Frederik Dahl afhændede Buderupholm i 1914. Formodentlig mere af nød fra end af lyst[12]«. Han døde i 1928 på Moesgård ved Århus.

Fransk vask og strygning

Trine var glad for sin tid på Støvring Mosegård (Porsborggården), men efter femten år og på vej mod de tredive år, ville hun prøve noget andet i livet. Ikke forstået som, at hun var træt af familien der, da hun efterfølgende holdt tæt kontakt og fortsat jævnligt kom på gården.

I første omgang blev hun tjenestepige i Gravlev hos Niels Andersen Bundgaard på gården umiddelbart nord for Gravlev kirke. Slægten Bundgaard fyldte meget i Gravlev. Husbonds bror Kristen Andersen Bundgaard var også gårdmand i byen. Brødrenes far Anders Christian Bundgaard havde før dem været gårdmand her. Deres søster Maren var derimod gift med en fattig hus- og træskomand fra Ersted ved Aarestrup, men hun bragte sit slægtsnavn videre til sin søn Anders Bundgaard, som gjorde det berømt som kendt billedhugger med værker som Cibertyren i Aalborg og Gefionspringvandet på Langelinie i København. Denne Anders Bundgaard havde i øvrigt som stor dreng kortvarig tjent på sin morbror Niels Andersen Bundgaards gård - men det er en hel anden historie[1].

Trines nye tjenestested lå med fantastisk udsigt ud over den vidtstrakte Lindenborg ådal, Rebild bakker og Rold skov. Gravlev sø var det tidspunkt godt nok afvandet og næsten helt væk - men er siden heldigvis blevet genoprettet. Med Trines begejstring for naturen, var dette et fortryllende landskab, som hun gennem livet satte meget højt.

Trine ville dog gerne være andet end tjenestepige, hvor man aldrig var helt sig selv. Efter kort tid på gården tog hun derfor arbejde som medhjælp på et strygeri i Skørping. Strygerier var sammen med vaskerier og rulleforretninger begyndt at skyde op i byerne som aflastning for husholdningerne[2]. Arbejdet tiltalte hende, og hun slog sig derfor efterfølgende ned i Støvring, hvor hun den første maj 1908 åbnede sin egen forretning med Fransk vask og strygning. Hun var dermed blevet »vaske- og stygjomfru« - med andre ord vaskede tøj for folk. Lokalt blev hun tituleret »stygjomfru«, og hende lille virksomhed omtalt som »vaskeriet« eller »Franskvaskeriet$_3$«.

Hvornår Trine præcis mødte og knyttede venskab med Bothilde Bundgaard kaldt Thilde, ved jeg ikke. Det er mest sandsynligt, at hun lærte hende at kende, da hun begyndte som vaskekone, idet Thilde samtidig også var vaskekone i byen. Thilde vaskede fra et lejet værelse på Hobrovej overfor højskolen. Hun var husmandsdatter fra et lille husmandsbrug umiddelbart syd for byen og hed egentlig Bothilde Nielsen. Hendes far Peder Christian Nielsen - der var født i Gravlev - havde dog tilnavnet Bundgaard. Et sted langt ude var der en slægtsrelation mellem ham og gårdmandsslægten Bundgaard der. Da navnereformen blev indført i 1906, skiftede Thilde sit efternavn Nielsen ud med Bundgaard$_4$.

Thilde var et par år yngre end Trine, men deres liv mindede forbløffende meget om hinanden. Ligesom Trine var Thilde som nittenårig blevet med barn, mens hun var tjenestepige på en gård. Ligesom Trine var hun ikke blevet gift med faren. Ligesom Trine havde hun som enlig mor ikke haft mulighed for at passe barnet, hvorfor hun også havde ladet hendes forældre tage sig af det. Der var dog også forskelle. For mens familien på Støvring Mosegård (Porsborggården) tog Trine til sig, havde Thilde forladt sit tjenestested - som i øvrigt såmænd var Niels Andersen Bundgaards gård i Gravlev - og taget ind til Støvring, hvor hun lejede et værelse og blev vaskekone. En anden forskel var, at Thilde ikke ville opgive farens navn til myndighederne. Det var i tiden ofte tegn på, at det var en lokal gårdmand eller gårdmandssøn, der ikke ville have det frem - men det kunne selvfølgelig også være en hel anden grund$_5$. Fælles for de to damer var dog aktuelt udfordringen, hvordan man som enlig såkaldt falden kvinde på omkring tredive år klarede sig i datidens samfund.

Selvom Thilde ikke kan have tjent ret meget som vaskekone, købte hun af en murersvend fra Randers i efteråret 1909 et lille hus skråt over for kroen i det som senere kom til at hedde Jernbanegade i Støvring. Murersvenden havde giftet sig til det, men ville have noget større. Øjensynlig

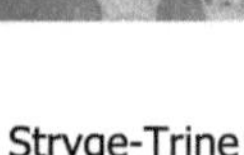

Stryge-Trine

Bothilde kaldt Thilde
(fra Hanen - Støvring Kommunes
Lokalhistorieke Forening)

lånte hun ikke til huskøbet, men finansierede det med et arveforskud. Hendes far var død en halv snes år forinden, hvorefter moren i første omgang havde lejet forældrenes husmandssted ud og med Thildes søn var flyttet ind hos Thildes yngre bror i Støvring. I slutningen af 1908 blev husmandsstedet imidlertid solgt og finansierede dermed sandsynligvis Thildes huskøb. For at hun kunne få råd til bo i huset, lejede Trine førstesalen og brug af baghuset til vask.

Thilde indrettede sig i stueetagen, droppede vaskeriet og åbnede en lille bagerbutik. Hun gik således fra at være strygejomfru til bagerjomfru. Længere nede af gaden mod stationen lå ellers bagermester Niels Jensens forretning, hvorfra han kørte ud med hestetrukken brødvogn i området.

Midt i billedet Bothilde Bundgaard og Stryge-Trines hus i Jernbanregade 1959
(Sylvest Jensen Luftfoto - Det Kgl. Bibliotek)

Thilde havde dog et godt forhold til ham, da hendes søn var tjenestekarl der. På den tid kunne flere større og mindre butikker af samme slags godt eksistere tæt på hinanden. Der var således også både brugs, stor købmandsgård og et par små kolonialbutikker i gaden[6].

Trines nye hjem lå tæt ud til gaden. Når man skulle op til hendes kvistlejlighed, gik man dog ind af en dør på bagsiden af huset. Adgangen og lejligheden var adskilt fra Thildes lejlighed i stuetagen. Inden for døren var en stejl jerntrappe med smalle trin lidt ligesom en hønsestige. Oven for trappen var indrettet tørreloft. Herfra var en dør til et meget lille værelse med karnap mod gaden. Ud mod haven var et blåmalet endnu mindre køkken. Bagerst var en lille stue, der var spartansk møbleret med en

Stryge-Trine med cykel - som var fotografens, da hun aldrig lærte at cykle
(Lokalhistorisk Arkiv for den tidl. Støvring Kommune)

seng i hjørnet, et lille bord med et par stole, en kommode og en kurvestol. Der var pynteligt og rent - ofte med en masse læsestof og blomster på bordet. På væggen var familieportrætter. Opvarmning om vinteren foregik med en lille bronzeret kakkelovn og briketter. Alle rum havde skrå vægge[7].

Trines forretning var som sagt Fransk vask og strygning. Betegnelsen dækkede vaskekoner, som kunne den særlige behandling, som finere skorter og løse flipper krævede - nemlig et specielt håndelag, at kunne stive og stryge kravetøjet. Skjorte eller skjortebryst og løs flip var på sin side standardbeklædning, når mænd på den tid skulle være præsentable. Det var på dette tidspunkt, at hun gik fra at være Trine til at blive Stryge-Trine.

Når hun skulle vaske, hentede hun vand ved vandposten i gården, hvor det skulle pumpes op med håndkraft. Hun bar herefter vandet i spande op i lejligheden, hvor hun varmede det på brændekomfuret, hvorpå også strygejernet blev opvarmet. Selve vasken foregik enten i det lille baghus - som lå for sig selv ved hendes indgangsdør - eller oppe i lejligheden i en balje på en vaskebænk ude på det uopvarmede tørreloft. Herefter blev tøjet skyllet og hængt til tørre. Når det var tørt, blev det strøget, lagt sammen og pakket ind. Sluttelig blev det mærket med kundernes navne og opbevaret i stuen indtil, det blev hentet. Hun vaskede og strøg lidt af hvert for folk. Der var dog først og fremmest stadsskjorter, snydebryster, knækflipper og lignende. Der var ikke mindst rigtig mange karle på gårdene omkring, der fik vasket skorter hos Stryge-Trine[8].

Martine og den vide verden

Stryge-Trines datter Martine kom efter sin fødsel som sagt ud på Støvring hede hos bedsteforældrene Maren og Bertels-Peter. På dette tidspunkt boede deres yngste børn Lauritz og Mitte stadig hjemme. Det var et fattigt husmandshjem med mange pligter, som hun voksede op i. Martine kunne ikke finde ud af at malke, men til gengæld var hun rigtig god i marken. Da hun var omkring syv år, var hun med på en gård, hvor hun skulle hjælpe med at slagte får. Hun kom ikke til det, men det at hun i den alder kunne blive bedt om det, var hun indigneret over. Det var senere med til at forme hendes syn på udnyttelsen af fattige. Hun fik som voksen den holdning, at Støvrings omegn havde rige - men ugudelige - bønder med fed jord$_1$. Bedsteforældrenes svindende kræfter var sandsynligvis årsagen til,

Martine står til højre for lærer Christian Helmond Flyger foran Aarestrup Skole

Martine med sin mormor Maren, hvem hun voksede op hos frem til skolealderen

at Martine omkring skolestart kom til Lillkjær i Aarestrup hos Trines farbror Bertels-Anders og moster Ane Kjerstine. De havde da i forvejen tre hjemmeboende børn. Hun knyttede sig til dem og kaldte også dem bedstefar og bedstemor[2].

Martine var tretten år, da hun kom ud at tjene - samme alder som hendes mor Trine havde været. Hendes første plads var hos Valdemar Heiberg på Hæsum mark nord for Sørup mindre end et par kilometer fra bedsteforældrenes husmandssted på Støvring hede. Valdemar Heiberg havde et lille husmandssted på kanten af mosen med sin kone og lille datter. Mens hun var her, blev hun konfirmeret i Øster Hornum kirke[3]. Herefter kom hun i plads hos Anton Nielsen lige uden for Sørup by på et tilsvarende lille husmandssted. Familien her havde fået ikke mindre end seks børn i løbet af seks år - heraf et hold tvillinger. Huset var således fuldt af småbørn. Martine må dog have klaret det rimelig godt, for hun blev der to år. I hendes skudsmålsbog skrev Anton Nielsens hustru Dorthea Jensen, at Martine havde tjent dem »særdeles flink, tro og villigt[4]«.

Frem til da havde Martine ikke været langt hjemmefra, og alle i hendes mødres slægt havde boet og levet deres liv i Himmerland. Det var derfor et stort skridt, da hun rejste ud i verden for at arbejde som tjenestepige på Middelfart sindssygeanstalt. Stedet var taget i brug under dette navn i 1888. I nyere tid kom det til at hedde psykiatriske hospital. Det var den første anstalt under sindsygeforsorgen i den vestlige del af Danmark og udgjorde en hel lille by. Der var læger, kontorfolk, opsynskarle- og piger, gartnere, gårdskarl, kusk og maskinmestre, samt køkken- og vaskeripersonale. Martine blev stuepige for lægerne, arbejdede i vaskeriet og var afløser for sygeplejerne. Vaskeriet, køkkenet og stuepigearbejdet omfattede en snes tjenestepiger og et par tjenestekarle, der blev ledet af en oldfrue med hjælp fra en assisterende oldfrue[5].

Det var en spændende tid for den unge Martine. Sammen med andre unge sejlede hun over til Skamlingsbanken syd for Kolding til folkefester og dansede til det blev mørkt, hvorefter der blev tændt bål og sunget. Det vil sige, synge kunne hun ikke - hun kunne simpelt hen ikke holde tonen. Til gengæld var hun rigtig dygtig med hænderne. Det var på den tid, hun fik social bevidsthed. På Skamlingsbanken havde hun oplevet Jeppe Aakjær og fik gennem livet en stor forkærlighed for hans sange. Det var socialt engagerede sange som »Der dukker af disen min fædrene jord«, »Her har jeg himlene over min isse« og »Jeg bærer med smil min byrde«. Siden blev den senere sang »Jeg er havren« hendes yndlingssang[6].

Tiden bød dog også på udfordringer, som da Martine blev drillet af en karl, der grinede af hende og ikke kunne lade hende være. Hjemmefra havde hun lært at klare sig selv, så en dag bankede hun ham så eftertrykkeligt, at han efter den dag lod han hende være. Hun mødte ham senere i København, hvor han indrømmede, at det havde givet ham respekt for hende[7]. Hun blev i Middelfart i halvandet år og fik en fin anbefaling af oldfruen, at hun havde været »flittig og villig i sin gerning«, og oldfruen anbefalede hende på det bedste[8].

På Skamlingsbanken havde Martine mødt en gendarm fra Horsens, som hun blev kæreste med. Det førte til, at hun nu tog plads som tjenestepige her. I denne plads fik hun nyrebækkenbetændelse efter at have stået med bare ben i møg og puklet med at fjerne det. Hun kom på sygehuset og var ved at dø, men kom sig. Eftervirkningerne fik dog konsekvens for hende. Arbejdet i Middelfart havde givet hende lyst til at blive sygeplejerske, men det kunne hun ikke efter sygdomsforløbet. På den tid begyndte hun at komme i den metodistiske menighed inde i Horsens i den nybyggede Getsemane kirke. Det kom til at præge hende afgørende resten af hendes liv. Metodistbevægelsen er en frikirke, der tager udgangspunkt i den enkeltes personlige tro og engagement i socialt arbejde[9].

Efter halvandet år besluttede hun at slå op med gendarmen og tage til København. Her arbejdede hun først i foråret 1913 på Frederiksberg hospitals sindsygeafsnit på Nylandsvej. Hun havde da først kort tid værelse hos entreprenør- og vognmand Th. Lichtenberg på Øster Fasanvej og siden på Metodistkirkens alderdomshjem i Amaliegade. Et sted hun ef-

Den unge Martine

terfølgende bevarede tilknytning til med frivilligt arbejde i deres central-mission. Det følgende forår blev hun tjenestepige hos den i byen kendte og da aldrende professor ved Københavns universitet Alfred Lehmann. Han var i øvrigt far til den siden verdensberømte seismolog Inge Lehman.

I sommeren 1914 kom hun til børnehjemmet Godthåb på Dronningensvej på Frederiksberg som kokkepige. Her mødte hun den tidligere elev Ejner, som jævnligt kom på hjemmet. Han var ligesom hende uægte barn. Faren havde været en vidtløftig student, som dennes familie havde sendt til Amerika, så han ikke kunne lave flere ulykker. Ejner og hans lillebror var derfor endt på børnehjemmet. Ejner var præget af stedets uhyre strenge religiøse opdragelse, som havde været præget af afsavn og ofte mangel på mad. Det var et møde mellem den slagfærdige kokkepige og lidt stive typograflærling.

Efter at have arbejdet halvandet år på børnehjemmet tog Martine videre til Karens Minde i Kongens Enghave i det sydlige København - nu Sydhavnen. Dengang var det åbent land med marker beliggende for enden af Enghavevej. Stedet var på det tidspunkt en del af og hed officielt De Kellerske Åndssvageanstalter, men blev aldrig lokalt kaldt andet end Karens Minde. De Kellerske Åndssvageanstalter var et forgrenet net af institutioner under overlæge Christian Keller. Han havde den filosofi, at åndssvage skulle isoleres, uskadeliggøres og deres skadelige arvemasse forhindres i at sprede sig. En holdning som på den tid havde stor opbakning politisk og folkeligt! Mange af de anbragte var dog ikke nødvendigvis åndssvage, men ofte utilpassede eller blot fattige. Karens Minde blev nedlagt som anstalt i 1987, og ejendommen er i dag kulturhus for området$_{10}$.

Efter et halvt år på anstalten flyttede Martine sammen med Ejner i en baggårdslejlighed inde i København tæt ved Kongens Have. I december 1916 blev de gift i metodisternes Jerusalemkirken i den indre by. Samtidig fik de en lejlighed i Nordrefrihavnsgade på Østerbro. Martine var hermed blevet husmor.

I Nordrefrihavnsgade fik de først den for tidligt fødte datter Ruth, så en dødfødt pige og endelig en sund og rask dreng Daniel. Under den Spanke syge blev Martine smittet og så alvorlig syg, at hun endnu engang var ved at dø. Hun blev efter eget udsagn rask ved at spise en masse smørrebrød! Sygdomsforløbet betød dog høretab resten af livet. De dårlige boligforhold på Østerbro blev efterfølgende skiftet ud med et lille kolonihavehus af forhåndenværende materialer i Hvidovre tæt ved Gammel Køge landevej. Det var nærmest et træskur, men der var frisk luft og køkkenhave. Her fik de børnene David, Lea og efternøleren Debora$_{11}$. Børnenes navne afslører familiens religiøsitet, og familien blandede sig ikke med naboerne, men holdt sammen med ligesindede. De lokale i kvarteret kaldte Ejner for »Den Hellige Pedersen«.

Selvom det var et religiøst og moralsk hjem, var der set udefra nogle ulogiske paradokser i familiens sprog. Martine var fra landet, og der brug-

Martine, Ejner, Daniel, Ruth og Stryge-Trine 1925

Den ældre Martine

te man vulgære udtryk i hverdagen som lort, pis, røvhuller og lignende. De var derfor accepteret, da der blev skelnet skarpt mellem bondesprog og bandeord. Selv mildere bandeord som for Søren eller for Pokker for slet ikke at tale om -edme ordene var ganske uacceptable og blev aldrig brugt. Sondringen gjaldt for så vidt også for Stryge-Trine, der både var en anstændig og bramfri dame. Når hun syntes, noget blev for meget, udbrød hun: »Åh, ve' du it' skie'[12]«.

Martine var i forhold til tiden en slagkraftig direkte kvinde, mens Ejner kunne være meget distræt og belærende. Fysiks var hun ham klart overlegen, som da hun engang udfordrede ham i at grave have. Han måtte efterfølgende blive hjemme fra arbejdet en hel uge. Det var da også Martine, der holdt haven. Hun var veltalende, idealistisk og menneskekender, men hun var også meget temperamentsfuld - ja nogen vil sige hidsig. Kreativt kunne hun ikke tegne, men hun var habil til at skrive og skrev livet igennem mange digte, ligesom hun skrev familiens lejlighedssange. Familien var ikke fattige, men havde heller ikke meget. Udadtil kunne de dog indimellem se fattige ud, da de prioriterede eksempelvis bøger før tøj. Martine syede konsekvent selv alt tøj til familien - ligesom hun hæklede og strikkede. Stoffet kom mestendels fra Stryge-Trine, som købte det i Støvring - hvor det var billigst - og sendte det. Det var fast gave på mærkedage. Når et barn voksede ud af noget, blev det straks syet om til næste i rækken. Der var dog ingen af børnene, der følte, de var fattige.

Stryge-Trine kom med jævne mellemrum på besøg. Engang var hun der sammen med sin søster Mitte, som boede i København. Om aftenen sad de to damer og Martine i stuen og snakkede. De blev efterhånden så ivrige, at de talte himmelhøjt i munden på hinanden og ikke mindst med så meget dialekt, at børnene ikke forstod noget som helst af, hvad de sagde. De var dybt forbløffede, ikke mindst over deres mor tale helt uforståeligt[13].

En anden gang gik Stryge-Trine tur med børnebørnene Lea og David. Martine havde indprentet børnene, at de ikke måtte tigge. Da de gik forbi købmanden fandt Lea på at fortælle mormor Trine, »i skoforretningen sælger man sko, hos slagteren kød og der inde hos købmanden sælger man bolsjer«. »Nåh«, sagde Stryge-Trine: »Så må vi da hellere gå ind og prøve dem«. Da de kom hjem og Martine så børnene med bolsjer i kræmmerhuse, så hun vredt på dem og spurgte, om de havde tigget. »Néj«, sagde Stryge-Trine: »Det har de ikke, men de oplyste mig om, at købmanden sælger bolsjer« og så lo hun så meget, at Lea synes hendes næse hoppede[14]. Stryge-Trine holdt i det hele taget tæt forbindelse til familien og børnebørnene. En årrække var det ældste barnebarn Ruth feriebarn hos hende.

I forbindelse med den sidste fødsel - som var en sædefødsel - kom Martine sig aldrig helt. Hun fik efter fødslen blødende tyktarmsbetændelse og blev en overgang blind, da hun ikke optog næring. I midten af 1940erne blev hun behandlet for brystkræft. Hun døde på Gentofte sygehus i alder af blot 54 år i 1947[15]. Stryge-Trine havde dermed mistet sin eneste datter. Hun havde derimod fået fem børnebørn og en voksende flok oldebørn.

Stærke kvinder og familiebånd

Stryge-Trine var tæt knyttet til sin hjemstavn, hvilket betød alt for hende. Naturen, menneskerne, humoren, sproget, historierne og ikke mindst familien var vigtige omdrejningspunkter - som det på den tid var for de fleste med rod i landbefolkningen. Familien skulle forstås bredt inkluderede onkler, tanter, fætre og kusiner og deres familier. Det var ligeledes fra de ældste generationer til børnene. Som Kirsten Mouritsen fra Lokalhistorisk Forening i Støvring udtrykker det: »Trine havde slægtsfølelse, og ikke mindst den yngre generation havde hendes bevågenhed. Hun legede med børnene, og var kendt for sine evner til at fortælle historier og levendegøre myter[1]«.

De ældre i familien har vi mødt tidligere i vores historie. Af disse oplevede Stryge-Trine sin morfar og mormor, da de var gamle aftægtsfolk på Lillkjær i Aarestrup. Morfaren Christen Rebild døde dog, da Trine var blot elleve år. Mormoren Ane Margrethe nåede derimod akkurat at opleve oldebarnet Martine, inden hun døde i foråret 1894[2]. Hun døde således på gården, hvor hun var født og havde levet hele livet - bortset fra nogle få år som husmandskone i byen lige efter hun blev gift.

Stryge-Trines farfar husmanden Bertels i Sørup døde før Trine blev født, så hendes relation til ham var familiens overlevering om ham. Hendes farmor Mette Katrine - som Trine var vokset op hos - levede og drev husmandsstedet i Sørup sammen med Laurids frem til sin død i en alder af 74 år i sommeren 1895. Hun nåede således også lige at opleve barnebarnet Martine - og dermed endnu et uægte barn i familien. Laurids havde efter Mette Katrines død ikke mulighed for at videreføre husmandsstedet og måtte sælge, men han blev boende i et værelse i aftægt til han døde i 1903[3]. Stryge-Trine mistede dermed begge sine bedstemødre, da hun var i starten af 20erne, men havde tæt kontakt med dem til det sidste.

På husmandsstedet ude på Støvring hede gik Stryge-Trines forældre Bertels-Peter og Maren i foråret 1904 på aftægt. I første omgang overtog sønnen Lauritz ejendommen og aftægtsforpligtelserne. Det var dog kun som overgang, for halvandet år senere solgte han til landpost og husmandssøn fra Støvring Niels Kristian Jensen via en kollega til denne. Handlen omfattende hele ejendommen med alt lovpligtig tilhørende herunder en kakkelovn og 50 kilo kartofler, samt alt tilstedeværende til avl, afgrøde, gødning og ildebrændsel, dog af besætning kun en hest, en gris og halvdelen af hønsene - og selvfølgelig alle forpligtigelser herunder aftægtsforpligtelser. Mellemmanden i handlen beholdt øjensynligt hesten og grisen. Bertels-Peter beholdt en gig, hvilket må betyde, at han også må have beholdt en hest.

Aftægten bestod i, at Bertels-Peter og Maren skulle have en stue, et køkken og et lille kammer samt tusinde tørv om året resten af deres levetid. Aftægtslejligheden skulle holdes i god og forsvarlig stand med eksempelvis kalkning og pudsning. De skulle kunne bruge den fornødne plads til malkning og om forlangende til at brygge, bage og vaske, samt i tilfælde af alderdomssvækkelse den fornødne pleje og opvartning. Endelig skulle inden aftægtskontrakten ophørte sørges for en anstændig begravelse af dem. Bertels-Peter supplerede aftægten som stenhugger. Han var dog så slidt op af hårdt arbejde og brændevin, at han i en alder af 56 år døde i efteråret 1909[4].

Maren var ifølge den tinglyste aftægt sikret resten af sit liv - så lige så kort og "billig" Bertels-Peters aftægt var, blev Marens aftægt lang og "dyr" for de følgende ejere af ejendommen. Hun nåede at opleve en håndfuld af sådanne i sin aftægt. Hun nåede også at opleve, at huset brændte i begyndelsen af 1912. Daværende ejer Carl Johan Pedersen havde da haft det under et år og valgte efter branden at sælge. Den nye ejer Søren Marius Nielsen rev brandtomten ned og byggede i stedet et nyt hus for forsikringssummen. Det kom til at ligge i den anden ende af grunden op af ejerlaugsgænsen til Sørup og tæt ved vejen nord om søen. Huset fik navnet Mosehuset efter den nærtliggende mose. Maren boede her til et par år før sin død, hvor hun kom til Støvring og levede af sin aldersrente. Stryge-Trine kom dermed tæt på sin mor de sidste år af hendes liv, frem til Maren døde 82 år gammel i foråret 1924$_5$.

Stryge-Trines søskende voksede i modsætning til hende alle op i hjemmet hos deres forældre på Støvring hede. På trods af denne forskel havde hun et tæt forhold til dem. Den tætteste var Lauritz af den simple grund, at han ligesom Stryge-Trine blev i lokalområdet. Med hensyn til deres opvækst, havde han et andet billede af sin far end Stryge-Trine. Han mindedes med vemod, hvordan han blev taget med ud at grave tørv. Det var et rigtigt knoklearbejde, men han lærte her glæden ved arbejdet. Lauritz udviklede sig til en stor stærk kleppert, der kunne løbe så kraftfuldt, at hans træsko flækkede.

Som tyveårig var Lauritz tjenestekarl på Volsted Nørregård, hvor han gjorde en syv år ældre gårdmandsdatter fra Rebild med barn og giftede sig med hende året efter. Efter vielsen købte Lauritz en lille ejendom på

Stryge-Trines bror Lauritz med sin føreste kone og ældste børn

Siem Mark. Udover husmand var han tillige vognmand og kørte varer for brugsforeningen fra Skørping Station. Efter tolv år her købte han hus inde i Siem. Her fortsatte han som vognmand, hvor han kørte med mælk, med tærskeværk og strøede sand om vinteren. Engang han hentede mælk, råbte en mejeribestyrer af ham, hvorefter han løftede hans islænderhest og så klappede manden i! Ved siden af arbejdet som vognmand kløvede han sten i en grusgrav. Han stod også for offentlige hverv som tælle dyr og maskinsyn. Han var i en række år hertil kredsformand for sygekassen, og herefter i mere end tyve år dens opkræver. Han var såmænd også i bestyrelsen i brugsforeningen, forsamlingshuset og sognebiblioteket. Han var en tid vært i det gamle forsamlingshus, hvor han skilte slagsmål. Endelig passede han livet ud biblioteket og stod for udlån. Det lille bibliotek bestod kun af et par reoler, hvor han kendte alle bøgerne.

Efter næsten 25 års ægteskab med fire børn - hvor to var døde som små - døde hans første kone. Nogle år efter giftede han sig igen, denne gang med en ung husbestyrerinde fra København. I hjemmet gik han op i høns og julens glæder. Han blev i avisen i forbindelse med sin 70 års fødselsdag beskrevet som havende mange kræfter, aldrig svigtede humør, være vellidt og havde enestående fortælleevne. Lauritz døde i Siem i en alder 87 år i 1967$_6$.

Selvom Stryge-Trines søster Mette Marie - aldrig kaldt andet end Mitte - var flyttet til København, havde Trine også et tæt forhold til hende. Når Trine kom til hovedstaden boede hun altid hos Mitte. Så skulle de besøge Nationalmuset, Rosenborg slot og Thorvaldsens museum. Når de var sammen gik snakken himmelhøjt. På Trines ældre dage kneb det dog med kræfterne, og de sidste år kom hun ingen steder.

Mitte var som ung kommet til Hvidovre, hvor hun blev oldfrue hos familien Lorry-Feilberg, som ejede etablissementet Lorry på Frederiksberg. De havde en stor villa Hvidborg, som senere i øvrigt blev til drengehjem. Mitte flyttede efter tiden som oldfrue til en korridorlejlighed i Eskildsgade på Vesterbro, hvor hun boede i 35 år. Den bestod af en lille tre gange tre

Stryge-Trine og hendes søster Mette Marie kaldt Mitte

meter stue, korridor og lille bitte køkken. Der var retirader i gården og potte til om natten. Hun havde stort vindue og mente, at træet i gården var Københavns største seværdighed. Fra vinduet kunne hun også se ned i Gasværksskolens skolegård. Hun blev aldrig gift, men havde en kavaler fra Frankrig, som var lokofører - så hun kendte togplanen godt. Hun havde i modsætning til de øvrige i familien i øvrigt været ud at rejse. I 1909 var hun således i det pulserende Berlin. Hun var en hyggelig, trind dame og en slikmund, men på sine ældre dage fik hun sukkersyge og tabte sig gevaldigt. De senere år arbejdede hun i marketenderiet på Københavns hovedbanegård. Det var også på den tid, at hun blev religiøs. Mitte døde på kommunehospitalet som 76 årig i 1958 og blev bisat fra Eliaskirken begge i København[7].

Stryge-Trine bror Peder var den eneste af hendes søskende, som hun ikke havde tæt kontakt med. Ligesom hendes yngre bror Lauritz gjorde Peder som tyveårig en pige med barn. I hans tilfælde var det en gårdmandsdatter fra Vissenbjerg på Fyn. Han skyndte sig at gifte sig med hende og flytte til hendes hjemegn - i første omgang dog nærmeste købstad Odense. I begyndelsen arbejdede han som murerarbejdsmand, men siden blev han banearbejder i først Glamsbjerg og siden på Flemløse station på Sydvestfyn. Det blev her til et langt liv og fem børn. Det var sandsynligvis den manglende kontakt, der betød, at Stryge-Trine - da hun lå for døden - bad om at se Peder[8].

Endelig var der Stryge-Trines to halvbrødre fra før hendes mor Maren mødte hendes far Bertels-Peter. Christen Hornum i Randers kunne hun huske tilbage fra, når hun som lille pige var på besøg på bedsteforældrenes gård i Aarestrup. Hun havde gennem livet kontakt til ham og hans familie, men fik et specielt tæt forhold til hans datter Olga (altså Trines niece), som hun tit besøgte. Den yngre halvbror Jens kendte hun rigtig godt fra forældrenes husmandssted på Støvring hede. Efter hans konfirmation kom han hjemmefra som tjenestedreng i Øster Hornum, derefter tjenestekarl på gården Nørre Flødal ved Svenstrup - hvor den navnkundige Jens Hjort drev et kridtværk - og endelig til Lillevorde. Herfra og de efterfølgende pladser var han kun kort tid. Han var blevet syg! Det endte med, at han vendte hjem til sin mor og stedfar på Støvring hede, som tog sig af ham. I foråret 1898 døde Jens blot 31 år gammel. Desværre er dødsattesten ikke bevaret, så hvad han fejlede og døde af, ved vi ikke[9].

Af Stryge-Trines fars familie havde hun først og fremmest kontakt med farbroren Bertels-Anders i Aarestrup og fasteren Maren Kirstine i Sørup. Farbrødrene Bertel, Bertels-Niels og Bertels-Lars fulgte hun på afstand og så kun sjældent.

Farbror Bertels-Anders var blevet en respekteret gårdmand i Aarestrup. Hans opvækst med kunsten at kunne fortælle fornægtede sig dog ikke. Han var kendt for at kunne vejrprofetier og ordsprog til hver dag i året[10]. Han var et roligt gemyt, og når fremmede forvekslede ham med den lokalt kendte - eller om man vil berygtede - lillebror Bertels-Peder, blev hans familie yderst indigneret[11]. Hans giftermål med Stryge-Trines moster Ane Kirstine og overtagelse af hendes barndomshjem, betød dog deres hjem i højere grad var knyttet til Trines mors familie. Trines tætte relation til dem ses også af, at de tog sig af hendes datter Martine i dennes skolealder. Bertels-Anders og Ane Kirstine solgte gården i 1903 og levede deres sidste år som husmandspar i Aarestrup. De døde med et par års mellemrum i begyndelsen af 1920erne[12].

Stryge-Trine havde som sagt også tæt kontakt med sin faster Maren Kirstine - blot kaldt Maren. Hun havde som ung sypige mødt en skræddersvend oppe fra Jerslev i Vendsyssel Niels Laurids Jensen, som da arbejde i Støvring. De blev gift, slog sig ned i et hus skråt overfor Stokkildegård i Sørup og fik de kommende lille snes år otte børn. I et lokalsamfund, hvor relativ faste traditionelle navne gik igen, valgte de nye utraditionelle navne. Den første hed helt efter traditionen Jens Christian, men de følgende kom til at hedde Theodor William, Peder Henry Valentinus, Dagmar Victoria Marie, Holger Leander, Laura Theodora, Alfred Reinhard og endelig Svend Aage Sigurd. Retfærdigvis skal det siges, at denne

Stryge-Trines farbror Bertels-Anders og moster Ane Kirstine fra Lillkjær i Aarestrup

Stryge-Triens faster Maren Kirstine, mor Maren og moster Juliane kaldt Julle
(Lokalhistorisk Arkiv for den tidl. Støvring Kommune)

ændring i navngivning af børn på den tid var helt almindelig. Husfaderen Niels Laurids ernærede familien som skrædder, siden som ringer i kirken og centralbestyrer på den da nyoprettede telefoncentral i byen. Det siges, at det var Maren der bestemte i hjemmet, hvor hun kunne værre noget skrap over for ham - men måske var hun blot endnu en af familiens stærke kvinder. Efter hans død i 1931 overtog hun arbejdet som centralbestyrer frem til centralen blev rationaliseret. Hvis nogen ringede forgæves, vidste hun altid, hvor abonnenterne var henne - vel en slags lokal informationscentral. Hun døde i en alder af 84 år i 1945[13].

Stryge-Trine havde helt generelt tæt kontakt og relation til sin mors familie. Den tætteste kontakt ud over moster Ane Kirstine i Lillkjær var moster Juliane kaldt Julle. Det var ikke kun familien, der kaldte hende det - alle lokale kendte hende kun som Julle. Som omtalt tidligere flyttede hun og hendes mand smeden på Buderupholm herregård Christen Tomassen - kaldt Thomsen - som nygifte ind i Kirkehuset ved Buderup kirke. Han fortsatte her sit arbejde på herregården, men blev med tiden hertil graver og ringer ved kirken på den anden side af kirkegårdsmuren. Han var efter sigende en djærv natur med et lyst syn på tilværelsen. Julle hjalp ham både med ringningen og at passe kirkegården. Hun hjalp også når der var travlt på herregården, ligesom hun var kendt for at kunne svinge en hammer i smedjen - som det beskrives i en artikel om hende i avisen på hendes gamle dage: »Gnisterne føg når hun svingede forhammeren[14]«.

Efter godt en lille snes år i kirkehuset vandt smeden i 1899 10.000 kroner i lotteriet. Beløbet skulle deles i fire med dem, han havde lotterikuponen med. Han og Julle havde dermed 2.500 kroner at realiserer deres drømme, hvilket var et betydeligt beløb på den tid. Det første han gjorde var at smide hammeren og udbryde »aldrig et slag mere«, hvorefter han rev sit skøde af og smed i essen. For pengene købte han og Julle et husmandssted på godt ti tønderland, en ko og en hest ude på Støvring hede - helt derude hvor den kaldes Støvring Hedehuse. Husmandsstedet lå oppe mod Guldbæk tæt ved den nuværende Hovhedevej. Smeden blev ar-

Husmandsstedet som Stryge-Trines onkel Thomsen og moster Julle købte for lotterigevinsten
(Lokalhistorisk Arkiv for den tidl. Støvring Kommune)

bejdsmand og Julle overtog både jobbet som ringer og pasning af kirke-
gården. Flere gange om ugen gik hun den lange vej på knap en halv snes
kilometer til den gamle Buderup kirkegård og ordnede den. Hun kunne
dog også håndtere lyngle (man skar lyng med en le), plov og hakke på
husmandsstedet, når det var behov for det.

I 1907 overtog sønnen Anton huset med Thomsen og Julle i aftægt.
Samme år blev den nybyggede Støvring kirke indviet som afløser for Bu-
derup kirke. I byen havde man længe ønsket at flytte kirken ind til byen,
da den gamle Buderup kirke lå langt fra hovedparten af sognets beboere.
Menighedsrådet ville rive Buderup Kirke ned og bruge materialerne til den
nye kirke. Det fik nationalmuseets arkitekt dog afværget. Den nye kirke
blev i stedet opført med nye materialer umiddelbart syd for byen over for
højskolen og mejeriet. Den gamle Buderup kirke blev overtaget af Natio-

155

Den gamle Buderup kirke (Nationalmuseet)

nalmuseet og fredet. Det betød, at Julle overtog pasningen af den nye kirkegård samtidig med, hun passede de tilbageværende grave på den gamle Buderup kirkegård. På et tidspunkt passede hun ikke mindre end 63 gravsteder. I 1924 døde Thomsen. Julle forsatte ringningen og pasning af kirkegårdene, og i 1926 blev hun fejret for sit 50 års jubilæum som kirketjener i et festpyntet forsamlingshus.

Når Julle var i Støvring besøgte hun ofte Stryge-Trine i Jernbanegade, hvor de fik en lang intens snak. Det hændte her, hun pludselig måtte skynde sig ud af døren, fordi hun skulle hen til kirken og ringe med klokkerne. Så gik det i en rasende fart med skørterne flagrende. Julle og Trine havde noget af samme humør og energi. De blev begge kendte i byen, og ligesom med Stryge-Trine blev Julle en myte i lokalsamfundet.

156

Den ny Støvring kirke bygget i den sydlige del af byen

Som 80 årig passede hun stadig enkelte gravsteder på de to kirke-gårde. Hun havde da født syv børn, men kun tre levede stadig. Det var Anton hjemme på husmandsstedet i Støvringe Hedehuse. Det var den ældste søn Marius, der var landpost i Sejlstrup nede ved Skørping. En sjov historie om ham er, hans yndlingsret var hønsekødssuppe, men da land-posten på den tid ofte blev budt indenfor på sin rute, blev det et problem for ham, da alt for mange bød ham på det! Endelig var der datteren Ane Margrethe, der var gift med murersvend Marius Sørensen kaldt Bette Mu-ren og slået sig ned i Gug lige syd for Aalborg. Hun havde her givet Julle ikke mindre end ti børnebørn.

Da Julle var midt i 80erne begyndte helbredet at svigte. Hun fik lam-melser i benene og blev bundet til sengen i husmandsstedet. Hendes hoved fungerede dog fint og hun fulgte ivrigt med i avisen, men det var ikke nemt. Efter et par år bundet til sengen kom hun i sommeren 1943 op

157

til datteren i Gug for at blive plejet. Efter en svær sidste tid med mange lidelser døde Julle som 88årig i 1943[15].

Af Stryge-Trines egen generation havde hun det tætteste forhold til kusinen Ane Margrethe - også bare kaldt Grethe - der var gårdmandsdatter fra Aarestrup og havde tilnavnet Oue. Historien bag status og tilnavn kræver lidt forklaring. En forklaring som yderligere kræver, man holder tungen lige i munden, men som siger ikke så lidt om slægtsbånd i et lille samfund som Aarestrup.

Ane Margrethes far Peder Christensen (Trines morbror) kom hjemmefra efter konfirmationen som tjenestedreng hos gårdmand Niels Oue - der var gift med hans moster - på gården Skarhøjgård ude på Vestmarken ud for Lillkjær. Skarhøjgård var tidligere udstykket fra Lillkjær, da denne endnu hed Fløegården. Det var sådan, at daværende ejer af Fløegården (altså Lillkjær) Peders oldefar udstykkede gårdens jord i to; med den oprindelige gård i byen til sønnen Søren Fløe - som var Peders morfar - og den udstykkede nye gård til sin anden søn Anders Fløe. Man kan derfor sige, at Peder kom ud at tjene på søstergården til sit barndomshjem. Gårdmand Niels Oue havde giftet sig til gården. Han hed rigtigt Niels Christensen, men havde sit tilnavn, fordi han kom fra Oue nede mellem Hobro og Hadsund. Han og hans kone - som sagt Peders moster - fik aldrig børn, hvorfor de tog Peder til sig som plejesøn. Han arvede senere gården og blev gårdmand, hvor han fik tilnavnet Oue efter sin plejefar. Han blev herefter aldrig kaldt andet end Peder Oue[16].

Peder Oue blev en periode valgt ind i sognerådet, hvor han var kasser. Det var altså ham der passede på den kasse der indeholdt sognekommunens penge. Lidt forstand på penge må han have haft, da han en periode også var formand for sognets sparekasse. Man passede godt på pengene i det lille samfund - når sparekassen holdt møder blev det noteret i protokollen, at Peder Oue skulle leje forsamlingshuset på de billigste tidspunkter. På hjemmefronten spædede han til den hjemlige økonomi ved eksempelvis køre smør fra Aarestrup mejeri til Støvring. Han blev gift

Stryge-Trine med sin kusine Ane Margrethe

med en gårdmandsdatter fra Hellum nede på den anden side af Skørping Maren Kirstine Henriksen - kaldt Stine - og fik ikke mindre en ti børn, heriblandt Ane Margrethe[17].

Ane Margrethe var efter hun kom hjemmefra en tid syerske oppe i Nibe, hvorefter hun blev gift med Peder Christian Pedersen, der var gårdmandssøn i Aarestrups lille naboby Torsted. Sideløbende med at han havde arbejdet for sin far på gården, hjalp han en lokal snedker Andreas Larsen. Han fik gennem det interesse for faget og efter en række år at have arbejdet som snedker, slog han sig i 1914 ned som selvstændig snedkermester i Østergade i Suldrup. Her giftede han sig med Ane Margrethe, og de fik tre børn. Den yngste Peter fulgte i øvrigt i sin fars fodspor og blev Snedker- og Tømrermester i Suldrup under tilnavnet Snedker-Peter. Den korte afstand mellem Støvring og Suldrup gjorde, at Trine og Ane Margrethe jævnligt mødtes, så de kunne snakke. Ane Margrethes yngste søn Peter huskede fra sin barndom et besøg hos Trine, hvor hun fuld af begejstring trak ham to gange på en eftermiddag ned for at se toget. Snedker og tømrer Peder Christian Pedersen døde i 1960 og Ane Margrethe i 1972, mens deres søn Peter Oue døde i 1992[18].

Endelig havde Stryge-Trines kontakt med endnu en kusine på sin mors side Maren Kirstine - aldrig kaldt andet end Maren. Hun var næstyngste barn af Bertels-Anders og Ane Kirstine og blev gift med en søn fra skovfogedgården Espelund i Aarestrup Anders Peter Andersen. Efter vielsen blev de brugsuddelerpar i Byrsted lidt vest for Støvring. I 1924 købte de Taudalsgård umiddelbart syd for Hornum og blev gårdmandspar. De fik syv børn. På trods af de godt tredive kilometer fra Støvring til Taudalsgården holdt Trine og Maren løbende kontakt. Efter Anders Peters død i 1944 overtog de tre sønner Aksel, Karl og Svend Aage gården, men der var ikke tvivl om, at det var Maren der bestemte[19].

I en række år var Stryge-Trines ældste barnebarn Ruth feriebarn hos Trine. Da Ruths ældste søn Samuel - kaldt Sam - var gammel nok til at blive feriebarn, havde Trine rundet 70 år og var for gammel til feriebarn.

Stryge-Trines kusine Maren i midten omgivet af familie foran Taudalsgård ca. 1959
(Foto Samuel Laursen)

Hun bad derfor sin kusine Maren på Taudalsgård om at tage drengen som feriebarn. Sam var herefter gennem mere end en halv snes år fast feriebarn hver sommer her. Han erindrer, hvordan han sammen med Maren brugte hele formiddagen i en bus at rumle på landevejene til Støvring for at besøge Trine. Her kunne de to kusiner så sidde et par timer oppe i hendes lejlighed, hvor snakken gik lystigt. Herefter måtte de bruge eftermiddagen i bussen den anden vej og kom sent hjem[20]. Maren døde omkring 1971. Sønnen Svend Aage overtog med tiden gården alene. Han døde i 1990erne, men Taudalsgården er stadig i familiens eje.

Livet i Gaden

Da Stryge-Trine lejede sig ind i taglejligheden i Thildes hus i Støvring i 1909, var det på en grusvej med rendestensgrøfter. Fortov kom først til en håndfuld år senere, gadebelysning yderligere nogle år efter, og vejen blev først brolagt omkring 1930. Lokalt blev den aldrig kaldt andet end Gaden - eller mere henkastet »Ned i Gaden«. Først da Støvring fik gadenavne og husnumre i 1935, kom den til at hedde Jernbanegade$_1$.

Støvring havde på den tid forvandlet sig fra landsby til en handels- og håndværkerby. Den var blevet lokalt centrum - som den lille pige Asta Bundgaard Jørgensen ude fra det landlige Hæsum kaldte den: »Stor- og jernbanestaden Støvring«. Gaden lå mellem Aalborg-Hobro landevejen og jernbanestationen, som begge forbandt byen til omverden. Den var hertil

Jernbanegade set mod stationen - med kroen til venstre og brugsforeningen til højre
(Lokalhistorisk Arkiv for den tidl. Støvring Kommune)

blevet byens handelsgade. Trine boede således midt mellem livlige forretningsdrivende. Hvis vi så os omkring i hendes umiddelbare nærhed, hvad så og mødte vi så?

Lad os begynde med selve huset, hvor Stryge-Trine boede sin lille loftslejlighed og drev sin forretning med Fransk vask og strygning. I stueetagen boede som sagt husets ejer Thilde med hendes hjemmebageri. I efteråret 1924 skiftede hun dog bageriet ud med en trikotageforretning - eller manufakturforretning om man vil. Asta Bundgård Jørgensen fra Hæsum kom som barn på den tid i butikken med sine forældre og husker den som: »Magen til fine ankelsokker i alle farver med smukke border fandtes bestemt ingen andre steder end her$_2$«.

Til vestre for Stryge-Trine lå Brugsforeningen på hjørnet af Hobrovej og Gaden med en baggård mellem den og Trine. Brugsen var flyttet hertil lige før århundredeskiftet fra den oprindelige landsby syd for, som på denne tid blev kaldt Sønderby. Efterhånden som de to bydele voksede sammen, blev det hele dog bare til Støvring. Brugsen var en anseelig bygning med butik, lagerlokaler og uddelerlejlighed. I hele Trines tid var kun to uddelere Marius Nielsen og efter ham Holger Buss, som da Nielsen blev pensioneret i 1938 gik fra at være førstekomis til uddeler$_3$.

Annonce i Aalborg Stiftstidende 18. oktober 1924

Jernbanegade med Stryge-Trines hus - det hvide med kanap bag elmasten cirka 1950

Til højre for Stryge-Trine lå smed og mekaniker Gregersens cykelforretning. Han reparerede cykler, landbrugsmaskiner og med tiden biler. Han havde også sin lejlighed her, mens hans smede- og maskinværksted lå bagved om hjørnet til et åbent græsareal. Dette areal blev i 1920erne til en smal jordvej, som i folkemunde blev kaldt Smallegade. Nede af den kom efterhånden bebyggelse, og i 1935 fik den sit nuværende officielle navn Fredensgade. Da Gregersen flyttede sit værksted og forretning ud til krydset ved Aalborgvej, blev den gamle forretning til en Tatol. Det var en kæde under Schous fabrikker, der også drev Schous Sæbehuse. Den bestod af mere end tusinde små købmænd spredt ud over hele landet, som primært solgte kolonial- og tobaksvarer$_4$.

På den anden side af markarealet (der som sagt senere blev sidegaden Fredensgade) boede først skræddermester Marius Sørensen, der dog hurtigt solgte til skræddermester Pedersen. Denne boede til gengæld med sin familie og syede tøj her de følgende tredive år, hvorefter der blev kiosk og papirhandel[5]. Den følgende markante to etagers store ejendom blev først opført i 1924 af skræddermester Johansen, som inden da havde drevet mindre skræddervirksomhed længere ned af gaden. Den kom til at hedde Engelsk Beklædningsmagasin. Han hjemtog her større partier af færdigsyet tøj og solgte, hvilket var lidt af en revolution i forhold til de hidtidige små skræddermestre. Den eksisterede under dette navn resten af Trines tid i Gaden[6].

På den modsatte side af gaden skråt til venstre overfor Stryge-Trine lå kroen. Den gamle gårdkro på den anden side af Aalborgvej - som hun havde arbejdet på som ganske ung - eksisterede ikke mere. I stedet var nogle år efter århundredeskiftet bygget en ny kro med skænkestue, krostuer, sal og værelser samt krohave. Ud mod Aalborgvej var derudover i en bygning for sig rejsestald, bissekræmmer og udhus. Kroejer Skibsted var en betydningsfuld mand i byen og fik som den første privatbil. Han kunne imidlertid ikke selv køre, så han havde privatchauffør med uniform. I midten af 1920erne solgte Skibsted kroen til ægteparret Rasmussen. Manden var fynbo, der havde tjent penge på handel med kartofler og siden kartoffelfabrikken i byen, som dog brændte og gik konkurs. Han blev gift med en lokal pige, og sammen moderniserede parret efter overtagelsen kroen og gjorde den til et populært udflugtsmål for Aalborgensere - med liv i Gaden til følge[7].

Det skal tilføjes, fra begyndelsen af 1920erne var der blevet rutebilskørsel fra Hobro til Aalborg gennem Støvring, samt ruter til Nibe, Års og Viborg, der alle have holdeplads ved kroens rejsestald. Det betød yderligere liv i Gaden. På denne tid sås stadig oftere automobiler som supplement til hestevognene. Det siges, at når vognmand Kragelund fra Suldrup kørte forbi i sin lastvogn med faste gummiringe og kædetræk og op af bakken på Viborgvej, så klirrede vinduerne i byen. Hvor meget biltrafikken betød for byen sås af, der i krydset ved kroen fra slutningen af 1920erne var hele tre konkurrerende benzinstandere - den ene kroens. Biler blev

Stryge-Trine henter mælk ved mælkehandler Anton Larsens vogn omkring 1940-1950
(Lokalhistorisk Arkiv for den tidl. Støvring Kommune)

dog først rigtigt almindelige op i 1930erne. Her kunne der til gengæld på søndage være lange rækker af parkerede biler på Aalborgvej og i Gaden med gæster til kroen$_8$.

Ved siden af kroen overfor Stryge-Trine lå hele hendes tid i gaden barbersalon, forstået sådan, i 1935 blev der opført en bygning mellem kroen og den gamle salon, hvor salonen flyttede over i, og frisøren Aage Rohdes kone Lilly supplerede med damefrisørsalon i eget tilstødende lokale. Det at gå til frisør var noget rimelig nyt, da de fleste i byen kom fra landet, hvor man hidtil selv havde ordnet al personlig hygiejne. De to saloner var velbesøgte, i 1930erne havde han to-tre svende og et par lærlinge i herresalonen, mens hun havde en assistent og en lærling i damesalonen. Faktisk var de to saloner ifølge Historiker Jan Bak Harder nogle af de største af sin art i provinsen. Ovennævnte Asta Jørgensen fra Hæsum erindrer fra sin barndom: »I Frisør Rohdes salon ... blev der sørget for frisurens rette udtynding og længde. Og så kunne Fru Rohde (med sin dejlige norske accent) endda fuldende sagen efter sidste mode med sit krepjern[9]«.

I den oprindelige frisørsalon kom i stedet Niels Krabsens skoforretning, der tidligere havde ligget længere nede af gaden mod stationen. Sådan udviklede gaden sig selvfølgelig over tid. Om Krabsens sko erindrer Asta Jørgensen: »Krabsens træsko, gummistøvler, samt tøj-lærreds og balletsko blev bravt slidt i familien«. Krabsen havde i øvrigt en humor, som Trine sandsynligvis kunne lide. Udover sko solgte han tobak. Under besættelsens mangeltid i 1940erne sendte skomager Harald en lille dreng med en seddel over til ham, hvorpå der stod: »Hår do tobak i daw«. Krabsen vendte sedlen og skrev: »Hår a et ski« og gav drengen den med tilbage[10].

Skråt til højre overfor Stryge-Trine havde fotograf Sine Bruns sit atelier. Selve atelieret lå mod nord med glastag, så der kunne komme så meget lys som muligt. Hun blev lokalt kaldt frøken Brun, og mange i byen på

Fotograf Sine Bruns logo og information bag på solgte billeder

168

den tid var forbi hende og blive foreviget. Da hun blev gammel, solgte hun i midten af 1920erne atelieret til fotograf Frøstrup. Han havde det kun kort tid, da hans kone blev kørt ihjel på Aalborgvej, og han efterfølgende flyttede væk. Det blev herefter blomster-, frugt- og grøntforretning$_{11}$.

Længere nede af gaden boede markante personer i tiden som skomager Christensen, der var ret høj og derfor blev kaldt Den Lange Skomager, kreaturhandler Knud Nielsen, som blev den første socialdemokrat i sognerådet, bypost Jens P. Sørensen kalde Bette-Post og bødkermester Christensen, der lavede dritler til mejeriet, blot kaldt Bødkeren. Der var ud over de ovenfor nævnte forretninger som boghandel, slagter, bager, øldepot, tømrer, blomsterhandel, sadelmager med mere. Der var dog også en håndfuld huse kun til beboelse. For enden af Gaden var den store gamle toetagers købmandsgård med alt fra kolonial til støbegods, foderstoffer, gødning og tømmer, samt endelig jernbanestationen. Sidstnævnte med stationsforstander, to assistenter og to portører. Den ene portør Borup var ved siden af jobbet på stationen ledvogter på jernbaneoverskæringen på vejen til Volsted12.

Stryge-Trine kendte alle i Gaden og alle kendte hende - og ja alle kendte helt generelt alle.

Selvom der var liv ovre ved kroen og mange forbipasserende handlende i Gaden, var der normalt stille og meget fredeligt. Ligesom sine forældre blev Trine dog ikke forskånet for krig. Blot et par år efter hun flyttede ind rasede »Den store krig« ude i verden - senere omdøbt til første verdenskrig. Mange lokale unge mænd - heriblandt familie og bekendte - blev indkaldt til sikringsstyrken, som var mobilisering i tilfælde af, Danmark skulle blive inddraget. Krigen holdt sig dog uden for landets grænser. Danmark blev forskånet.

Godt en snes år senere gik det anderledes. I de tidlige morgentimer den 9. april 1940 kunne ses talrige lavtflyvende fly i luften over Støvring flyvende nordpå. Folk forstod umiddelbart ikke, hvad det var. Senere kom der tyske militærkolonner ad landevejen, men da var budskabet fra radio-

Tyske soldater på kroen har hejst naziflaget i anledning af Hitlers fødselsdag 1940
(Lokalhistorisk Arkiv for den tidl. Støvring Kommune)

en spredt i byen, at Danmark var blevet besat af Tyskland. Man fandt og-
så hurtigt ud af, at de fremmede tropper var på vej mod Aalborg lufthavn
og Frederikshavn havn, og bemægtigelsen af disse var led i invasionen i
Norge. Allerede samme dag blev opsat sedler rundt om i byen med påbud
om mørklægning. Få dage efter indlogerede besættelsesmagten soldater i
nogle værelser på Støvring Kro. Som om det ikke var utrygt nok i sig selv,
hejste soldaterne en dag naziflag med hagekors i anledning af Hitlers fød-
selsdag i kroens baghave. Alt dette havde Stryge-Trine udsigt til oppe fra
sin lejlighed.

Det var en utryg tid, især når vinduerne i byen klirrede, hvis der blev
bombet og skudt med kanoner i Aalborg. Mangel på sukker, mel, smør, te,
kaffe og tøj betød rationering, hvor man fik rationeringsmærker til køb af
en bestemt mængde. På en del af Støvring skole blev Tyske soldater ind-

kvarteret i et par klasseværelser, og nogle skoleklasser måtte den sidste del af krigen undervises under private former. I begyndelsen af 1944 oprettede tyskerne lokalt hovedkvarter og kasserne på Trines højt elskede Støvring højskole$_{13}$.

Den 5. maj 1945 kapitulerede tyskerne og Danmark blev befriet. Mange forsamledes i krydset, hvor Jernbanegade går ud i Aalborg-Hobrovejen. Der var her hængt en line med flag over vejen - ud over et stort dannebro var der det amerikanske, engelske og sovjetiske flag. Dramatikken var dog ikke forbi. Om det var en gruppe passerende Gestapofolk eller danske medlemmer af Schallburg-korpset er ikke klart, men de følte sig provokeret af det sovjetiske flag med hammer og segl, hvorfor de skød en maskinpistolsalve efter det. En vildfaren kugle ramte en ung pige i benet. Hun blev efterfølgende hentet af en ambulance.

Flagene over landevejen med kroen i baggrunden i anledning af befrielsen 1945
(Lokalhistorisk Arkiv for den tidl. Støvring Kommune)

Trods episoder med vold, rationering og vareknaphed kom Trine og Støvring nådigt gennem krigen. Ud over modstandsbevægelsens jagt på kollaboratører og tyske soldater til fods gennem byen på vej hjem til Tyskland, var det mest dramatiske i tiden efter, at Støvring Højskole blev forandret fra kasserne for tyske soldater til indkvartering af tyske civile flygtninge fra Pommern og Østpreussen flygtende fra de sovjetiske tropper. I slutningen af august forlod disse dog højskolen igen, og efter et omfattende reparationsarbejde kunne den åbne igen sidst på året. Jernbanegade blev igen rolig og fredelig, med handlende trygt passerende Stryge-Trines vinduer[14].

Kartofler og frikadeller

Kom man omkring spisetid op til Stryge-Trine, stegte hun måske frikadeller i masser af fedt, mens kartoflerne kogte i en ganske lille gryde på brændekomfuret - der kunne lige være fem-seks ikke for store kartofler. Der var en stor køkkenhave bag huset, hvorfra de to damer i huset helt sikkert har været selvforsynende med kartofler[1]. En besøgende journalist fra Aalborg Stiftstidende, beskrev Stryge-Trines lejlighed som en »lilleput-lejlighed«. Journalisten uddybede: »Der var pyntelig og rent i det blaa køkken, som ikke er større end den trivelige kone lige kan vende sig i det, og i stuen var der papirblomster paa bordet, seng i hjørnet og familieportrætter på væggene[2]«.

Stryge-Trine var vokset op på landet med olielampe og mødding. Støvring by revolutionerede ikke umiddelbart det, men nye tiden for vand, varme, lys og affald var på vej. Selvom Støvring vandværk begyndte at levere vand til gaden omkring den tid Stryge-Trine flyttede ind, fik hun aldrig indlagt vand i lejligheden. Som 75 årig og gigtplaget hentede hun stadig vand ved vandposten i gården og bar det op i lejligheden. Varme om vinteren kom fra en lille bronzeret kakkelovn i stuen, som hun som det første tændte op i på kolde dage. Det kunne godt være lidt hårdt for gigten indtil den kom i gang. Omkring 1930 havde de fleste i gaden fået indlagt elektricitet - og sandsynligvis fik Stryge-Trine elektrisk lys omkring den tid. Radio fik hun dog aldrig. Som hun udtrykte det: »Den laver alt for meget spektakel«, og »man hører ikke om andet end krig og ufred, og det er der ikke megen fornøjelse ved«. Elværket var meget lille og underdimensioneret, og i de tidlige år var der ikke strøm om natten - og såmænd heller ikke om morgenen, hvis elværksbestyreren sov over sig. I løbet af 1930erne blev elforsyningen mere stabil. Frem til 1937 - hvor Støvring fik sin første losseplads - havde gadens huse møddingkuler i baghaven. Her smed de aske fra kakkelovnen, indhold fra latrinspande og husholdningsaffald. Glas, blik, jern og tekstilstumper blev lagt for sig selv, og med mellemrum afhentet af produkthandlere. Når kulerne blev for store, kom husmænd

Ferie- og barnebarn Ruth og Stryge-Trine

ude fra heden og hentede dem med hestevogn og spredte dem på deres marker[3].

En beskrivelse af Stryge-Trine? Hun var en lille kraftig dame med hurtige, rolige og faste bevægelser. Hun havde en behagelig blød stemme, talte meget himmerlandsk, elskede at fortælle og havde en smittende hjertelig latter. Hendes hår var oprindelig blondt, men blev mørkere med alderen med enkelte grå hår. Som ældre fik hun de sidste år grå stær og måtte dryppe øjne, men slap for briller. Til gengæld havde hun en god hørelse. Som mange af de stærke kvinder i familien var hun var næste aldrig syg. Da hun var 52 år fik hun dog en svulst og var kortvarigt indlagt på amtssygehuset i Aalborg. Heldigvis var den godartet, og mange besøgte hende. På sine gamle dage plagede gigten hende dog alvorligt[4].

Hendes ferie- og barnebarn Ruth beskrev Stryge-Trine som lun, gemytlig, vittig og venlig. Hun var derudover retsindig, veltalende og havde en god hukommelse - der dog svigtede til allersidst. Endelig fremhæver barnebarnet, at hun var populær for sit humør. Netop forholdet, Stryge-Trine altid var i godt humør og havde let til latter, fremhæves af alle. Hun sammenfattede det selv i et interview i Aalborg Stiftstidende: »Nej, mig er der ingen, der skal tage humøret fra. Jeg har engang lært, at mennesker skal være gode ved hinanden, så de krav prøver jeg paa at opfylde efter ringe evne. Man kan komme vidt med et godt humør, saa det er saamænd saa rigtigt, naar man siger "smil til verden - og verden smiler til dig igen"«. Journalisten beskrev hende på sin side som, at hun »... ejer nordjydens tørre lune og bramfri væsen. Hun gør ikke meget væsen af sig selv, og finder man paa at lovprise hende for hendes dygtighed, ler hun højt og afværger smilende enhver kompliment[5]«.

Barnebarnet Lea husker under et besøg, at nabokonen kom på besøg hver eftermiddag, hvor Trine bød hende på kaffe. Så hviskede hun til Lea, nu skal du bare se, hun kommer for at "hente" sin daglige portion sukker. Da Trine gik ud i køkkenet, snuppede naboen tre stykker sukker, et stykke kom i koppen og to stykker ned i lommen på hendes hvide forklæde. Bagefter lo Trine hjerteligt[6].

Stryge-Trine var glad for sit arbejde som vaskekone og erklærede med stolthed: »Der er gået ikke så få flipper gennem mine hænder«. Hendes flid, ordholdenhed og gode humør blev fremhævet af mange. I forbindelse med at hun blev 80 år skrev Aalborg Stiftstidende i et lille portræt, at hun havde: »... en omfattende forretning med vask og strygning - hendes akkuratesse for arbejdet skaffede hende en stor og trofast kundekreds[7]«. Hendes retfærdighedssans stillede dog også krav til kunderne. Således var præsten kommet til hendes dør og råbt op ad trappen, om hans kravetøj var færdig. Trine smed herefter den uvaskede krave ned i hovedet på ham og sagde, at den ikke var renset, fordi hvis Jens som skulle til bal havde afleveret sin skjorte til tiden, så fik han den ren til tiden og det samme gjaldt for præsten. Selvom man var betydningsfuld, kunne man ikke springe køen over[8].

Selvom Stryge-Trine var vokset op i et samfund med udprægede standsforskelle, mente hun, at alle i sidste ende bare var mennesker. Journalisten fra Stiftstidende spurgte hende: »De har vel ogsaa været med til Ræbildfesterne?« Hvortil Trine svarede: »Ork ja, mange aar i træk. Men det bliver man nu saa tummelumsk af. Der er altfor mange folk deroppe saadan en dag, selv om der er mange fine imellem. Jeg har da set kong Christian den 10 nogle gange«. Journalisten brød ind: »Og hilst paa ham ogsaa?« Hertil svarede Trine: »Nej, dog ikke! Naa, der skulle vel heller ikke være noget særligt ved det. Konger er jo mennesker, som alle vi andre[9]«.

Stryge-Trine elskede naturen. Hun holdt også af snak og hyggeligt samvær, men blev det almindelig konversation begyndte hun at kede sig. Så trak hun mod husets bogreol, hvor hun fordybede sig. Når aftenens traktement så skulle serveres, måtte værter eller gæster påkalde sig hende forsamlingens opmærksomhed. Ligeledes lukkede en af hendes kortdamer engang op for radioen under deres møde. Trine rejste sig straks og udbrød: »Lad os så få et spil kort«. Hun fik indimellem et spil kort med nabokonen, men noget helt specielt livet igennem var de aftener, hvor de var fire faste damer der samledes til et spil esmakker. Det var foruden Trine: Thilde altså Bothilde Bundgård, Mette Marie Christensen - som var gift med Trines morbror Frederik - og en fjerde, som jeg ikke ved, hvem

Stryge-Trine med veninder: Fra venstre hende kusine Ane Margrethe, Stryge-Trine selv, to ukendte og yderst til højre Thilde (Bothilde Bundgaard)

Stryge-Trine i Ålborg Zoo med familie og folk fra Porsborggården
(Lokalhistorisk Arkiv for den tidl. Støvring Kommune)

var. Et helt speciel ting for Trine livet igennem var hendes forhold til fami-
lien på Støvring Mosegård (Porsborggården), hvor hun tit kom. Børnene
der elskede hende, og hun havde dem både med til København på museer
og på udflugter til eksempelvis Aalborg Zoo.

Udover at fortælle sagn, eventyr og historier var bøger hendes store
passion. Hun læste meget. Historiske romaner og hjemstavnslitteratur var
det absolut fortrukne - med hendes egne ord: Helst om gamle dage. Hun
holdt meget af de jyske digtere og især, når det handlede om Himmer-
land. Julehæfterne blev alle læst inden jul. Hun holdt også meget af
foredragene på Støvring højskole, hvor hun kom meget. Endelig kunne
hun ikke komme et sted, hvor der var museum, uden at skulle besøge
det$_{10}$.

En fint fortalt historie af Asta Bundgaard Jørgensen fra Støvring kommunes lokalhistoriske forening i foreningens medlemsblad Hanen rammer Stryge-Trines glæde ved historiefortælling og børn godt ind, ligesom den fortæller om hendes venskab med Thilde. For at forstå historien - først lidt om Thildes søn og hendes forhold til ham. Ligesom Trine havde tæt kontakt til sin datter Martine, havde Thilde tæt kontakt med sin søn Peder Kristian Nielsen - kaldt Kristian. Han voksede op hos sin morfar og mormor i deres husmandsbrug, og da morfaren døde flyttede han med sin mormor ind hos hans onkel Niels Michael Nielsen - altså mormorens yngste søn. Kristian blev siden gift med Oline fra Hæsum og blev gårdmand i Øster Hornum øst for Sorthøj mellem Harrildvej og Nihøjevej omkring 500 meter vest for kirken. Både højen og den lille gård ligger der endnu. De fik to døtre - den ældste Thilde fik sit navn efter sin farmors øgenavn, og den yngste kom til at hedde Ellen. Fortælleren af historien Asta Bundgaards familierelation var, at hendes far var fætter til Thildes lillebrors kone[11]. Jo, man havde styr på selv de mest perifere familierelationer i det lille samfund.

Asta Bundgaard Jørgensen fortæller: »Uforglemmeligt står vist for Hæsum skoles små pigeelever i 30erne Thildes og Ellens børnefødselsdagsgilder i Bette Hæsum ved efterårstide. De var sønnebørn af Bothilde Bundgård, og på sådan en dag stod "Bejste" suverænt ude i Mor Olines køkken, hvor hun fremtryllede superlækre kager, store og små, med kunstfærdigheder af flødeskum og kulørt pynt i fantastisk design, der jo så blev ledsaget af tyk og dejlig chokolade.

Hun holdt sig praktisk og stilfærdig i køkkenets baggrund men listede sig dog beskedent ind i stuen og deltog i festmåltidets sidste fase, iført et fint hvidt og stivet forklæde med tunger og huller og flæser, der passede godt til hendes smukke runde ansigt, der var rammet ind af en masse tætte, ægte krøller.

Men åndelig føde fik man skam også, og den leverede Stryge-Trine! Dog ikke uden personlig praktisk indsats af modtagerne. Omkring Storhøj lige bagved laden samledes gæsterne med Trine som Dronning på toppen af højen, hvorfra hun dirigerede sine undersåtter til at bygge en vold op omkring sit slot af alt, hvad der kunne findes af sten, grene og store mosflager, og der blev slidt og slæbt med iver og humør af alle. Et optrin foregik engang omkring ceremonien, da en af de mindste gæster, Herdis, kom for nær til en myretue og blev ganske overrendt af dens vrede beboere. Ved staklens gråd og jammer beordrede Trine et par af de større piger til afsides at hjælpe den overfaldne af alt tøjet og ryste og pille for at få gemytterne adskilt, hvad også lykkedes, så der kunne fortsættes i nogenlunde ro og orden.

Når Dronningen så endelig var tilfreds med arbejdet, kommanderede hun hele styrken sammen og ned på jorden til hvile indenfor volden.

Og så kom belønningen! Trine fortalte dejlige eventyr og spændende historier med sin klare, levende og melodiske stemme, så det gjaldt i skoven, og alle småspirer omkring hende i disse øjeblikke fuldstændig forglemte nutid og sted- og måske efter sådan en festeftermiddag kunne føle den jordnære hjemvej lidt ekstra kold og grå«.

Asta Bundgaard Jørgensen slutter: »Ude på hovheden ligger Kongehøjen. Ved siden af ligger endnu en høj, kaldt Dronningehøjen. - For en lille flok, nu halvgamle skolepiger vil den store høj bagved Kristian Nielsens lade forblive den rigtige Dronningehøj. Uløseligt forbundet med mindet om ”Bejstes” konditorkager[12]«.

De gamles Hjem

På deres ældre dage kunne Stryge-Trine og Thilde godt lide at sidde på en bænk ved huset og følge livet i Jernbanegade - Trine ofte i en ensfarvet dybblå kjole; aldrig blomstret eller skrigende farver. Mange forbipasserende stoppede og fik en lille passiar med de to ældre lidt korpulente damer[1]. Ændringer var dog på vej.

Den lokale Buderup-Gravlev pastorats sparre- og lånekasse havde siden 1911 ligget ude i Sørup, fordi kasseren dengang boede der. Den blev imidlertid nu presset af Aalborg bys og omegns sparekasse, som hidtil havde holdt sig til Aalborg og nærmeste omegn, men i begyndelsen af 1948 ansatte de et sparebud med kontor i Jernbanegade, der engang ugentlig skulle besøge dem, der ønskede det. Støvring var lokalområdets

Thilde (Bothilde Bundgaard) og Stryge-Trine i køkkenhaven bag huset

center, hvor der boede flest brugere og størstedelen af næringslivet var. Buderup-Gravlev pastorats sparre- og lånekasse - med tiden bare Buderup-Gravlev sparekasse - ønskede en fremtidig mere central placering i Støvring. Efter et angiveligt fortroligt møde i Stryge-Trines kvistlejlighed, besluttede bestyrelsen at købe Thildes hus. Aftalen blev, at Thilde og Trine blev boende i huset som lejere, og som det hedder »Med Tiden vil Kontoret blive forflyttet hertil, og Kontortiden vil blive udvidet«. I efteråret 1948 blev kontrakten underskrevet og skødet tinglyst$_2$.

Stryge-Trine var omkring dette tidspunkt nedslidt efter et langt hårdt arbejdsliv. Hende gigt besværliggjorde det hårde ofte kolde arbejde som vaskekone. Efter 39 år med at vaske og stryge for folk var hun nødt til at stoppe og leve af sin aldersrente - som var forløberen for vores tids folkepension. Hun ville dog godt have fortsat lidt længere - som hun udtrykte

De gamles Hjem med fortander fru Bøgild i døren
(Lokalhistorisk Arkiv for den tidl. Støvring Kommune)

Kommunekontor for Buderup-Gravlev sognekommune og De gamles Hjem 1950
(Sylvest Jensen Luftfoto - Det Kgl. Bibliotek)

det: »Skammeligt ogsaa, at jeg blev nød til at holde op saa tidligt. Jeg havde haabet at kunne fortsætte i det mindste til jeg kunne fejre 40 aars jubilæum, men saa blev gigten rigtig ubehagelig, og je ku' nok se, det var bedst at holde op i tide₃«.

Gigten betød også med tiden, Stryge-Trine heller ikke kunne blive boende i sin kvistlejlighed med stejl trappe og vandpumpe i gården. I slutningen af 1940erne havde Buderup-Gravlev sogneråd opført alderdomshjem nede af Hobrovej. Det var en stor rødstensbygning i to etager med plads til 42 beboere, som var blevet indviet i 1947 og kaldt De gamles Hjem. Hun havde flere gange fået tilbud om plads på hjemmet, men havde afslået. Efter et par år som aldersrentenyder, måtte hun dog gi' sig og flyttede i foråret 1951 ind. Det var på den tid, at der blev bygget kommunekontor med tilhørende kæmnerbolig ved siden af hjemmet. Thilde på

183

sin side flyttede op i kvistlejligheden og Buderup-Gravlev pastorats spare-
og lånekasse åbnede kontor i underetagen. Da Sparekassen i 1963 solgte
huset og flyttede ned af gaden til hjørnet af Fredensgade til ejendommen
med den markante hjørneindgang, kom Thilde på De gamles Hjem. Her
boede hun de sidste par år frem til sin død i 1965[4].

Stryge-Trine 1950 (Aalborg Stiftstidende)

184

Det er vigtigt at forstå, at et alderdomshjem dengang og et pleje-hjem i dag, er meget forskellige. Med opbruddet i det gamle landbosam-fund, var muligheden for aftægt forsvundet. Dette kunne den sparsomme aldersrente ikke erstatte. Kriteriet for at kunne komme på De gamles Hjem var, at man boede i kommunen og ikke kunne klare sig. De fleste beboere på hjemmet var derfor ligesom Trine åndsfriske men nedslidte af hårdt arbejdsliv. Selvom Trine var kommet på De gamles Hjem, gik hun forsat ture - bare vejret var til det. Hun spillede også kort med de andre beboere, hæklede og strikkede blonder - som hun solgte - og var helt i sit es, når børnene fra Støvring Mosegård kom på besøg. De var nu voksne, og sønnen Anton havde overtaget gården. Langt om længe blev den af al-le i byen kaldt Porsborggården₅.

Da Stryge-Trine blev 80 år, mente Aalborg Stiftstidende i et lille por-træt, at selvom hun var på De gamles Hjem, ville festdagen ikke gå stille af. De beskrev hende som havende »et varmt hjerte og jysk lune, som skaffe-de hende mange venner«. En umiddelbar underlig fejl ved portrættet var dog, at avisen kaldte hende for »frk. Trine Bertelsen«. De syntes nok ikke, de kunne skrive Stryge-Trine, og som de fleste i byen vidste de ikke, hvad hun hed rigtigt. En på redaktionen fandt sandsynligvis ud af, at hendes far blev kaldt Bertels-Peter. At hverken han eller Trine hed noget med Bertel, siger ganske meget om øgenavnes magt. Trines farbror Bertels-Anders i Lillkjær i Aarestrup blev således også kaldt Anders Bertelsen eller Anders Pedersen Bertelsen, selvom heller ikke han hed noget med Bertel. Trines farfar Peder Bertelsen - kaldt Bertels - fik sat sit navnepræg flere genera-tioner frem₆.

Det blev hendes sidste fødselsdag. En måned senere en lun forårs-dag tog hun på en tur til Rebild bakker med forstanderinden for De gam-les Hjem fru Bøgild. Trine følte sig sløj under turen. Da de var kommet hjem, var det ikke bedre. Hun sagde så, at hun skulle dø, og om de ikke ville sende bud efter brødrene Lauritz og Peder, der skulle komme og hol-de hende i hånden. Lauritz boede i Siem og kom hurtigt, mens Peder boede på Fyn. De fik dog fat i ham, og han nåede også at komme. To døgn senere om aftenen den 14. maj 1953 døde Stryge-Trine[7]. Dødsårsagen var nedslidning efter de mange års hårde arbejde som vaskekone.

Barnebarnet Ruth deltog i begravelsen. En af de fremmødte henvendte til hende og sagde, at der var lige så mange mennesker og blomster, som ved en velhavende bondes begravelse. Efterfølgende skrev præsten i et brev til hende: »Det var ... en taknemmelig opgave at tale over et så prægtigt menneske, som deres mormor var!« Han skrev videre, at han havde hængt et billede op i sit studieværelse til minde om Trine. I kirkebogen skrev han: »Afdøde, der var kendt på sin egn som et sjældent humørfyldt og ejegodt menneske var forhenværende strygerske (Stryg-Trine)«. Aalborg Stiftstidende på sin side skrev en lille nekrolog: »Hun havde en stor kunde- og vennekreds. Da alderen satte sit præg flyttede frk. Pedersen ind på "De gamles Hjem", hvor hun nød en rolig livsaften8«.

I Trines dødsannonce og på hendes gravsten kom til at stå Katrine Pedersen, selvom hun rettelig hed Ane Catrine Pedersen. Det hører retfærdigvis med, det stammer fra, at både familie, venner og hun selv kaldte og skrev hendes navn som Kathrine. Gravstenen eksisterer ikke mere, så lad os slutte vores historie med kirkebogens afsluttende navn på hende: »**Stryg-Trine**«.

Stryge-Trines gravsten fotograferet 1992 (Simon S. Laursen)

Efterskrift

Går man i Jernbanegade i Støvring i dag her i begyndelsen af 2020erne, er meget forandret i forhold til Stryge-Trines verden. Huset hun og Thilde boede i er erstattet af en treetagers boligblok med supermarked. Brugsen og Gregersens hus til hver side er borte. Man skal på den anden side af Fredensgade for at finde bevarede genkendelige huse, nemlig skrædder-mester Pedersens ejendom - senere sparekassen - med den markante hjørneindgang og Engelsk Beklædningsmagasin. De er nu henholdsvis genbrugs- og modetøjsbutik. Overfor hvor Trines hus lå, er kroen ligele-des erstattet af en treetagers boligblok - hvor andelsforeningen dog har fået navnet Krohaven. Den strækker sig ned til hvor Sine Bruns atelier lå. Det gamle hus - hvor ægteparret Rohde havde deres saloner - er imidler-tid bevaret og tænkt ind midt i nybyggeriet.

Nede af Hobrovej blev Stryge-Trines sidste bopæl De gamles Hjem nedlagt i 1982 og nedrevet i 2015. Det er nu erstattet af endnu en tre-etagers boligblok. Yderligere nede af Hobrovej er Trines sidste hvilested på Støvring kirkegård. Ved et besøg i 1992 var hendes gravsten endnu bevaret mellem en række gamle sten - men er nu væk! Hendes moster Julles gravsten er til gengæld bevaret og står ved den bagerste hæk.

Bevæger vi os udenfor Støvring blev Trines barndomshjem hos hen-des farmor ude i Sørup nedrevet kort efter Laurids død omkring år 1900. Ligeledes eksisterer hendes forældres hus ude på Støvring hede heller ik-ke mere - det brændte og blev nedrevet i 1912. Derimod er Porsborggår-den tæt ved og Lillkjær ude i Aarestrup der stadig. Ligesom stuehuset på Juelstrup præstegård, Buderupholms hovedbygning og Buderup gamle kirke er der endnu. Trines foretrukne natur at gå i ved Lindenborg å og Rebild bakker er også ganske intakt og absolut stadig en gåtur værd.

Den fysiske del af Stryge-Trines verden i form af menneskerne, hu-sene og dagliglivet dengang er der således ikke meget tilbage af, men historien om Trine og hendes verden vil fortsat eksistere - bare nogen bevarer og fortæller den. Det er det, som jeg med denne bog har bestræbt mig på. Alle detaljer i den er søgt verificeret og skrevet historisk så korrekt og præcist som muligt. Alt bygger på kilder, som er dokumenteret i noterne. Kilderne er indsamlet fra mundtlig og skriftlig information, offentlig tilgængelige statslige og lokale arkiver, internettet og opslagsværker, aviser og artikler, samt en omfattende litteratur, som kan ses i litteraturlisten.

Jeg er dybt taknemmelig for min mor Ruth og onkel Daniels fortællinger om Stryge-Trines verden. De såede - allerede da jeg var barn - interessen hos mig for min himmerlandske slægt, og de lagde derfor også kimen til at skrive denne bog. Den er derfor tilegnet dem. Desværre lever ingen af dem mere. Jeg er ligeledes taknemmelig for min moster Debora og kusine Lydias slægtsforskning i vores slægt og dermed store arbejde for at bevare dens historie. Endelig vil jeg takke Lokalhistorisk Arkiv for den tidligere Støvring Kommune for deres gæstfrihed, engagement og hjælpsomhed. Arkivet har leveret en stor del af billederne i bogen. En speciel tak til arkivmedarbejder John Hardy Nielsen for positiv hjælp på mine spørgsmål.

Stryge-Trine holdt meget af børn, her med en lille ukendt pige
(Lokalhistorisk Arkiv for den tidl. Støvring Kommune)

Henvisninger

Fra vaskekone til lokal myte

1: Kirsten Mouritsen : "En personlighed" i tidsskriftet Hanen udgivet af Støvring Kommunes Lokalhistoriske Forening, nr. 16 1982 side 101. Asta Bundgaard Jørgensen : "Pigefødselsdag" i tidsskriftet Hanen udgivet af Støvring Kommunes Lokalhistoriske Forening, nr. 30 1990 side 177.

2: Jan Bak Harder : "Pionererne i Støvring" i tidsskriftet Nyt fra stationsbyen 7, 1985 side 51.

3: Annagrethe : "Naar Stryge-Trine besøger nationalmuseet" i Aalborg Stiftstidende, 21. januar 1951 side 3.

4: Manden vi mødte - der fortalte historien om Stryge-Trine - var Johs. Andersen, som havde butik Jernbanegade 7.

5: Robert Nielsen : "Jernbanegades historie del 2" i tidsskriftet Barn af Himmerland, 2001 side 53.

6: Kirsten Mouritsen : "En personlighed" i tidsskriftet Hanen udgivet af Støvring Kommunes Lokalhistoriske Forening, nr. 16 1982 side 102.

En husholderske vender tilbage

1: Buderup kirkebog til- og afgangslister 1870-1871. Skørping kirkebog til- og afgangslister 1870-1871. Folketælling Buderup 1870. NB: Buderupholm benævnes ofte som hovedgård. I 1500-tallet var der lovgivningsmæssig sondring mellem hovedgård og herregård, men på Marens tid var det det samme. Førstnævnte brugtes administrativt og sidste i daglig tale. Jeg bruger derfor betegnelsen herregård.

2: J. P. Trap : "Kongeriget Danmark" (3 udgave) bind 4 del 1, 1906 side 453. Hans Gjedsted : "...et lille bidrag til Støvrings historie", 1997 side 9-10. Th. Larsen : "En ensom kirke fortæller" i tidsskriftet Hanen nr. 1 1973 side 2-3. D. H. Wulff : "Egholm Slot og Teglgaard. Buderupholm" i tidsskriftet Samlinger til Jysk Historie og Topografi VII Bind 1878-79 side 188-194.

3: Evald Tang Kristensen : "Danske Sagn, som de har lydt i Folkemunde" Bind 5, 1897 nr. 377.

4: Evald Tang Kristensen : "Danske Sagn, som de har lydt i Folkemunde" Bind 3, 1895 nr. 1443.

5: Folketælling Buderup 1860 og 1870. Buderup kirkebog døde 1863 og viede 1867.

6: Agnes Bruun : "Juelstrup Præstegaard" i tidsskriftet Hanen udgivet af Støvring Kommunes Lokalhistoriske Forening, nr. 63 2006 side 6.

7: Buderup kirkebog til- og afgangslister 1869-1870. Folketælling Buderup 1870. NB: I folketællingen står fejlagtigt, at Niels Pedersen er født i Sønderup - der skulle have stået Sørup eller Buderup.

Gårdmandsdatter fra Aarestrup

1: Folketælling Aarestrup 1845. Th. Johansen : "Af Aarestrup Sogns Historie" i tidsskriftet Fra Himmerland og Kjær Herred, 1930-40.

2: Th. Johansen : "Af Aarestrup Sogns Historie" i tidsskriftet Fra Himmerland og Kjær Herred, 1933-35 side 441.

3: Th. Johansen : "Af Aarestrup Sogns Historie" i tidsskriftet Fra Himmerland og Kjær Herred, 1936-37 side 127. Th. Johansen : "Om Aarestrup skole i 300 år. 1648 - 11. februar - 1948", 1948 side 25.

4: Th. Johansen : "Af Aarestrup Sogns Historie" i tidsskriftet Fra Himmerland og Kjær Herred, 1933-35 side 450-452.

5: Th. Johansen : "Af Aarestrup Sogns Historie" i tidsskriftet Fra Himmerland og Kjær Herred, 1933-35 side 405-406.

6: Th. Johansen : "Af Aarestrup Sogns Historie" i tidsskriftet Fra Himmerland og Kjær Herred, 1933-35 side 442.

7: Th. Johansen : "Af Aarestrup Sogns Historie" i tidsskriftet Fra Himmerland og Kjær Herred, 1936-37 side 137-138.

8: Th. Johansen : "Af Aarestrup Sogns Historie" i tidsskriftet Fra Himmerland og Kjær Herred, 1936-37 side 135-136.

9: Th. Johansen : "Om Aarestrup skole i 300 år. 1648 - 11. februar - 1948", 1948 side 25-27 og 32-34. Th. Johansen : "Af Aarestrup Sogns Historie" i tidsskriftet Fra Himmerland og Kjær Herred, 1936-37 side 127-128. Poul Christensen : "Skolegang i Aarestrup for godt 150 år siden" i Hanen nr. 44, 1996 side 48.

10: Aarestrup, Buderup og Gravlev kirkebøger konfirmerede 1856.

11: Aarestrup kirkebog fødte 1842-1863. Folketælling Aarestrup 1860.

12: Th. Johansen : "Liegstouwen i Damgaard, Aarestrup" i Hanen udgivet af Støvring Kommunes Lokalhistoriske Forening, nr. 78 2014 side 26.

Præstegården og krigen

1: Buderup kirkebog fødte (faddere) 1862.

2: J. P. Trap : "Kongeriget Danmark", (3 udgave) bind 4 del 1, 1906 side 454. Th. Johansen : "Af Aarestrup Sogns Historie" i tidsskriftet Fra Himmerland og Kjær Herred, 1936-37 side 113.

3: Agnes Bruun : "Juelstrup Præstegaard" i tidsskriftet Hanen udgivet af Støvring Kommunes Lokalhistoriske Forening, nr. 63 2006 side 3-4.

4: Buderup kirkebog afgangslister 1847. Voldsted kirkebog til- og afgangslister 1847-1849. Buderup kirkebog til- og afgangslister 1849-1858 og 1862. Skørping kirkebog til- og afgangslister 1858-1862. Folketælling Buderup 1850 og 1855.

5: Agnes Bruun : "Juelstrup Præstegaard" i tidsskriftet Hanen udgivet af Støvring Kommunes Lokalhistoriske Forening, nr. 63 2006 side 6-7.

6: Lægdsrulle tilgang Øster Hornum 1833. Lægdsrulle hovedrulle Øster Hornum 1835-1854. Lønnings- og Pensionsdepartementet, Enkeforsørgelseskontoret: Sager vedr. tildelig af hædersgaven 1864, 1914-1920. Danske Livregiment (1. Regiment), 21. Bataljon: Stambøger1842-1964. Generalstaben : "Den Dansk-Tyske Krig 1864" bind 1 1890 side 118-119.

7: Generalstaben : "Den Dansk-Tyske Krig 1864" bind 1 1890 side 240-248. Vilhelm Cohen: "Krigen i 1864 og de faldne minde", 1865 side 7-9.

8: J. Christensen og J. C. Christensen : "En menig Soldats Optegnelser fra Krigen 1864", i tidsskriftet Fra Ribe Amt, 1940 side 287-288.

9: J. Christensen og J. C. Christensen : "En menig Soldats Optegnelser fra Krigen 1864", i tidsskriftet Fra Ribe Amt, 1940 side 290. J. Jacobsen (samlet og udgivet af) : "Veteranhistorier fra 1864", 1914 side 42 og 45.

10: Generalstaben : "Den Dansk-Tyske Krig 1864" bind 2 1891 side 58-68, 109-115 og 168-256. Vilhelm Cohen: "Krigen i 1864 og de faldne minde", 1865 side 18-21.

11: P. M. Kr. Lundsgaard : "Ved Lundby den 3. juli 1864 efter øjenvidners beretning" i tidsskriftet Fra Himmerland og Kjær Herred, 1912 side 8-10.

12: Th. Johansen : "Af Aarestrup Sogns Historie" i tidsskriftet Fra Himmerland og Kjær Herred, 1936-37 side 138.

13: Erik F. Rønnebech : "Fredericia 1864", 2017 på fredericiashistorie.dk

14: Krigsministeriet : Ansøgning om erindringsmedalje 1864. Lønnings- og Pensionsdepartementet, Enkeforsørgelseskontoret: Sager vedr. tildelig af hædersgaven 1864, 1914-1920. Danske Livregiment (1. Regiment), 21. Bataljon: Stambøger 1842-1964. Generalstaben : "Den Dansk-Tyske Krig 1864" bind 3 1892 side 44. J. Jacobsen (samlet og udgivet af) : "Veteranhistorier fra 1864", 1914 side 27-29. NB: Christen Hornum opgiver i sin ansøgning til hædersmedalje, at han lå på lazaret i København. Han er imidlertid hverken noteret for det i regimentets stambøger eller rapportbøger, ligesom han ikke er nævnt i lazaretternes navneregister. Jeg har derfor ikke medtaget denne oplysning.

15: P. M. Kr. Lundsgaard : "Ved Lundby den 3. juli 1864 efter øjenvidners beretning" i tidsskriftet Fra Himmerland og Kjær Herred, 1912 side 12.

16: Benjamin T. Christensen : "Det havde været mord" i tidsskriftet Fra Himmerland og Kjær Herred, 2009 side 31-52.

17: P. M. Kr. Lundsgaard : "Ved Lundby den 3. juli 1864 efter øjenvidners beret-
ning" i tidsskriftet Fra Himmerland og Kjær Herred, 1912 side 31-32.

18: P. M. Kr. Lundsgaard : "Ved Lundby den 3. juli 1864 efter øjenvidners beret-
ning" i tidsskriftet Fra Himmerland og Kjær Herred, 1912 side 39.

De uægte børn

1: Brev fra Johs Wederiksen til Peter Oue Pedersen i Suldrup 16. maj 1952, som
jeg har i fotokopi.

2: Øster Hornum kirkebog fødte 1832. Folketælling Øster Hornum 1834-1845.

3: Folketælling Buderup 1870. Buderup kirkebog fødte 1865. NB: I kirkebog og
jordmoderprotokol står kun by og sogn - ikke præcis adresse for morens ophold
og fødsel. Forholdet at husmand Niels Holmager optræder som fadder, gør det
sandsynligt, Maren opholdt sig og fødte der.

4: Buderup Kirkebog fødte 1865. Lægdsrulle tilgang Buderup 1864. Lønnings- og
Pensionsdepartementet, Enkeforsørgelseskontoret: Sager vedr. tildelig af hæders-
gaven 1864, 1914-1920. Øster Hornum kirkebog 1831. Folketælling Skørping
1860.

5: Folketælling Aarestrup 1870 og 1880. Lægsrulle tilgang Aarestrup 1883. Lægs-
rulle tilgang Sankts Mortens 1889. Lokalhistorisk Arkiv for den tidl. Støvring Kom-
mune, A278, arkivkasse 106. 011 1979, 1 1836 Eksamenspapir som kavalerist.

6: Sankt Mortens kirkebog fødte 1890-1902 og døde 1845. Folketælling for Ran-
ders Købstad 1890-1940. Randers Købstads Vejviser 1903-05.

7: Peter Oue Pedersen i Suldrup havde et takkekort fra Christen Hornums kones
begravelse, som jeg har i fotokopi. Marens datter Ane Catrine (Stryge-Trine) hav-
de kontakt med Christen Hornums datter Olga ifølge Ane Catrines barnebarn Ruth
Laursen (født Petersen).

8: Buderup kirkebog fødte 1865. Sankt Mortens kirkebog fødte 1890-1902.

9: Buderup kirkebog afgangslister 1865. Øster Hornum kirkebog til- og afgangsli-
ster 1865-1866. Ferslev kirkebog tilgangslister 1866. Volsted kirkebog viede 1868

og 1886 og døde 1920. Folketælling Volsted 1870-1901. Lønnings- og Pensionsdepartementet, Enkeforsørgelseskontoret: Sager vedr. tildelig af hædersgaven 1864, 1914-192010: Buderup kirkebog fødte 1866. Folketælling Klim 1840. Folketællinger Buderup 1855-1860.

11: Dansk Slægtsforskning : "Slægtsbog for efterkommere efter Jørgen Jensen født 1816", 1973 ane 1 og 2. Information om betegnelsen Sibirien er fra John Hardy Nielsen på Lokalhistorisk Arkiv for den tidligere Støvring Kommune. NB: Området der kaldes Sibirien ligger ude for enden af den nuværende Ingerdalsvej.

12: Buderup kirkebog fødte 1865. NB: I kirkebog og jordmoderprotokol står kun by og sogn - ikke præcis adresse for morens ophold og fødsel. Da Marens mosters familie alle optræder som faddere, gør det yderst sandsynligt, Maren opholdt sig og fødte der. Marens efterfølgende tætte forhold til dem understøtter det yderligere.

13: Buderup kirkebog afgangslister 1867.

14: Folketælling Buderup 1870. NB: Note i Skørping kirkebog tilgangsliste 1870 viser at Maren kom til Buderupholm i november 1866.

En fattig husmandsslægt

1: Oplysning om brødrenes tilnavne stammer fra Maren Andersen på Taudalsgård i Hornum videregivet til Peter Oue Pederen i Suldrup, som fortalte mig om det under et besøg i 1992. NB: Familien er navngivet i kirkebøgerne som Bertel, mens enkelte sekundære kilder staver det Berthel. Jeg bruger udelukkende den officielle form Bertel.

2: Tyrolforbindelsen fortalte Stryge-Trine sit barnebarn Daniel Pedersen om under et besøg i 1950, som han dengang skrev ned - jeg har en kopi af hans genfortælling. Peter Oue Pedersen fortalte mig om Tyrolforbindelsen under et besøg i 1992. Dansk Slægtshistorie : "Slægtsbog, Anetavle for Anders Bertelsen og Else Marie Nielsdatter", 1969 side 16. Verner Langdahl og Jens Langdahl, "Slægten Madsen fra Ulvkær i Aarestrup Sogn", 2015 side 149-150.

3: Mandtal til Consumptions-, familie- og folkeskat pr. 1. januar 1698.

4: Verner Langdahl og Jens Langdahl : "Slægten Madsen fra Ulvkær i Aarestrup Sogn", 2015 side 149-150.

5: Dansk Slægtshistorie : "Slægtsbog, Anetavle for Anders Bertelsen og Else Marie Nielsdatter", 1969 ane 4 og 5.

6: Øster Hornum kirkebog viede 1835 og fødte 1836-1838. Folketælling Øster Hornum 1834.

7: Dansk Slægtshistorie : "Slægtsbog, Anetavle for Anders Bertelsen og Else Marie Nielsdatter", 1969 ane 2 og 3. Hornum-Fleskum Herredsfoged Skøde- og panteprotokol Sørup, 1837.

8: Hans Gjedsted : "...et lille bidrag til Støvrings historie", 1997 side 41-42.

9: Folketælling Buderup 1787-1845. Buderup kirkebog døde 1820 og 1837. Matrikelkort for Sørup by, Buderup Sogn 1814-1865. Hornum-Fleskum Herredsfoged Skøde- og panteprotokol Sørup, 1839.

10: J.P. Trap : "Kongeriget Danmark", (3 udgave) bind 4 del 1, 1906 side 452. Folketælling for Buderup 1840. Matrikelkort for Sørup by, Buderup Sogn 1814-1865.

11: Henrik Gjøde Nielsen : "Støvring Kirke", 2007 side 16.

12: Dansk Slægtshistorie : "Slægtsbog, Anetavle for Anders Bertelsen og Else Marie Nielsdatter", 1969 ane 2 og 3.

13: Buderup kirkebog fødte 1842-1861.

Barndom i krigens skygge

1: Buderup kirkebog fødte 1842-1848 og døde 1851.

2: Buderup kirkebog viede 1851. Folketælling Vokslev 1850.

3: Buderup kirkebog fødte 1853-61.

4: Hornum-Fleskum Herredsfoged Skøde- og panteprotokol Sørup, 1857. Matrikelkort for Sørup by, Buderup sogn 1865-1897.

5: Johs. E. Tang Kristensen : "Billeder af det Jyske Landboliv" fra Vort landbrug,

1888, bragt i "Evald Tang Kristensen 1843-1943 En samling Artikler og en Bibliografi", 1943 side 55.

6: Peter Riismøller, "Sultegrænsen", (2. udgave) 1985 side 18-29.

7: Dansk Slægtshistorie : "Slægtsbog, Anetavle for Anders Bertelsen og Else Marie Nielsdatter", 1969 ane 2 og 3.

8: Aarhus universitet : "forordning-om-koppevaccination-1810" på danmarkshistorien.dk.

9: Øster Hornum kirkebog 1831. Buderup kirkebog fødte 1836-1848. NB: Om Bertel Pedersens deltagelse i krigen 1864, se de følgende to kapitler.

10: Dansk Slægtshistorie : "Slægtsbog, Anetavle for Anders Bertelsen og Else Marie Nielsdatter", 1969 ane 2 og 3.

11: Aage Olsen : "Skolerne i Sørup 1841-1971" i tidsskriftet Hanen udgivet af Støvring Kommunes Lokalhistoriske Forening, nr. 57, 2003 side 119. Alfred I. Gregersen : "Den første skole i Sørup. 1740-1752" i tidsskriftet Hanen udgivet af Støvring Kommunes Lokalhistoriske Forening, nr. 57, 2003 side 136-138.

12: Buderup kirkebog fødte (forældre og faddere) 1857-1864. Folketælling Hune 1855, Buderup 1860 og Brovst 1870. Buderup kirkebog afgangsliste 1863.

13: Folketælling Rebild 1860 og Buderup 1870-1901. Finderup (Holbæk amt) kirkebog fødte 1853. Als (Aalborg amt) kirkebog fødte 1857. Skørping kirkebog fødte 1863.

Kasteljæger

1: Lønnings- og Pensionsdepartementet, Enkeforsørgelseskontoret: Sager vedr. tildelig af hædersgaven 1864. Prinsens Livregiment (3. Regiment), 20. Bataljon: Stambøger 1834-1928. Otto Olsen : "Med 20. bataillon, Himmerlandske Jægerkorps over Ekernförde - Dannevirke - Isted - Kolding - Dybbøl - Nyborg", 1956 side 31-32.

2: Otto Olsen : "Med 20. bataillon, Himmerlandske Jægerkorps over Ekernförde - Dannevirke - Isted - Kolding - Dybbøl - Nyborg", 1956 side 70-71.

3: Prinsens Livregiment (3. Regiment), 20. Bataljon: Stambøger 1834-1928. H. Holbøll : "En brigadegenerals erindringer krigen 1864", 1912 side 16-26. J. Jacobsen (samlet og udgivet af) : "Veteranhistorier fra 1864", 1914 side 3-4.

4: Otto Olsen : "Med 20. bataillon, Himmerlandske Jægerkorps over Ekernförde - Dannevirke - Isted - Kolding - Dybbøl - Nyborg", 1956 side 32. Prinsens Livregiment (3. Regiment), 20. Bataljon: Stambøger 1834-1928. J. Jacobsen (samlet og udgivet af) : "Veteranhistorier fra 1864", 1914 side 58.

5: H. Holbøll : "En brigadegenerals erindringer krigen 1864", 1912 side 27-33 og 37-39. J. Jacobsen (samlet og udgivet af) : "Veteranhistorier fra 1864", 1914 side 4 og 58.

6: Lars Lindeberg : Artikelserie i BT om 1864-krigens daglige hændelser i anledning af 100-årsdagen, 1964 artiklen 4. januar 1864.

7: H. Holbøll : "En brigadegenerals erindringer krigen 1864", 1912 side 47-50. J. Jacobsen (samlet og udgivet af) : "Veteranhistorier fra 1864", 1914 side 4.

8: Generalstaben : "Den Dansk-Tyske Krig 1864 bind 1", 1890 side 237-239. Otto Olsen : "Med 20. bataillon, Himmerlandske Jægerkorps over Ekernförde - Dannevirke - Isted - Kolding - Dybbøl - Nyborg", 1956 side 36-37 og 70. H. Holbøll : "En brigadegenerals erindringer krigen 1864", 1912 side 59-64.

9: H. Holbøll : "En brigadegenerals erindringer krigen 1864", 1912 side 53.

10: H. Holbøll : "En brigadegenerals erindringer krigen 1864", 1912 side 59.

11: H. Holbøll : "En brigadegenerals erindringer krigen 1864", 1912 side 54.

12: H. Holbøll : "En brigadegenerals erindringer krigen 1864", 1912 side 67.

13: Prinsens Livregiment (3. Regiment), 20. Bataljon: Rapportbøger 1842-1950. H. Holbøll : "En brigadegenerals erindringer krigen 1864", 1912 side 72. J. Jacobsen (samlet og udgivet af) : "Veteranhistorier fra 1864", 1914 side 60.

14: H. Holbøll : "En brigadegenerals erindringer krigen 1864", 1912 side 76-80. J. Jacobsen (samlet og udgivet af) : "Veteranhistorier fra 1864", 1914 side 5.

15: Generalstaben : "Den Dansk-Tyske Krig 1864 bind 1", 1890 side 282-284. Otto Olsen : "Med 20. bataillon, Himmerlandske Jægerkorps over Ekernförde - Dannevirke - Isted - Kolding - Dybbøl - Nyborg", 1956 side 41. H. Holbøll : "En brigadegenerals erindringer krigen 1864", 1912 side 85-87.

16: H. Holbøll : "En brigadegenerals erindringer krigen 1864", 1912 side 103-106, 109-110 og 113. J. Jacobsen (samlet og udgivet af) : "Veteranhistorier fra 1864", 1914 side 71.

Slagtebænken

1: Generalstaben : "Den Dansk-Tyske Krig 1864 bind 2", 1891 side 59-66. Erik F. Rønnebech : "Fredericia 1864" på fredericiashistorie.dk. Otto Olsen : "Med 20. bataillon, Himmerlandske Jægerkorps over Ekernförde - Dannevirke - Isted - Kolding - Dybbøl - Nyborg", 1956 side 42-46. J. Jacobsen (samlet og udgivet af) : "Veteranhistorier fra 1864", 1914 side 7.

2: J. Jacobsen (samlet og udgivet af) : "Veteranhistorier fra 1864", 1914 side 7.

3: Generalstaben : "Den Dansk-Tyske Krig 1864 bind 2", 1891 side 340-342 og 355.

4: J. Jacobsen (samlet og udgivet af) : "Veteranhistorier fra 1864", 1914 side 8.

5: Generalstaben : "Den Dansk-Tyske Krig 1864 bind 2", 1891 side 385. Lisbeth Sollok : "Frands Mortensen, soldat ved 8. brigade, 20. regiment, 1. bataljon, 2. kompagni, menig nr. 357 – Krigen 1864" som PDF på sollok.dk.

6: Rasmus Sandvig Brask : "Så voldsomt var Dybbøl-bombardementet" i Jyllands-Posten den 2. april 2014.

7: Lisbeth Sollok : "Frands Mortensen, soldat ved 8. brigade, 20. regiment, 1. bataljon, 2. kompagni, menig nr. 357 – Krigen 1864" som PDF på sollok.dk.

8: Generalstaben : "Den Dansk-Tyske Krig 1864 bind 2", 1891 side 379 og 392. Tom Buk-Swienty : "Slagtebænk Dybbøl" (3. udgave), 2008 side 209-215. H. Holbøll : "En brigadegenerals erindringer krigen 1864", 1912 side 101-103. Lisbeth

Sollok : "Frands Mortensen, soldat ved 8. brigade, 20. regiment, 1. bataljon, 2. kompagni, menig nr. 357 – Krigen 1864" som PDF på sollok.dk. Dan Ersted Møller : "Erindringer fra en krig" i Viborg Bogen 2004.

9: Rigsarkivet: Forsvarets arkiv / Krigsarkiv 3 / Krigsministeriet, arkiv nr. 603.001 / Indkomne rapporter om fægtninger (År 1864 pakke nr. K II - 1). NB: Den omtalte nedbrændte møllegård er gården med navnet Sney i terrænet bag skanserne.

10: Tom Buk-Swienty : "Slagtebænk Dybbøl" (3. udgave), 2008 side 252.

11: Dan Ersted Møller : "Erindringer fra en krig" i Viborg Bogen 2004.

12: Hans Henning Eriksen på sin hjemmeside hheriksen.dk, hvor han angiver Magne Lund og Forsvarets arkiver som kilde.

13: H. Holbøll : "En brigadegenerals erindringer krigen 1864", 1912 side 240.

14: Otto Olsen : "Med 20. bataillon, Himmerlandske Jægerkorps over Ekernförde - Dannevirke - Isted - Kolding - Dybbøl - Nyborg", 1956 side 55-56. Prinsens Livregiment (3. Regiment), 20. Bataljon: Stambøger 1834-1928. J. Jacobsen (samlet og udgivet af) : "Veteranhistorier fra 1864", 1914 side 60.

15: J. Jacobsen (samlet og udgivet af) : "Veteranhistorier fra 1864", 1914 side 60.

16: Menig Diderik Johansen ved 6. Regiment 3. Kompagni, Historiecenter Dybbøl Banke 1864-arkivet ID 2428.

17: Tom Buk-Swienty : "Slagtebænk Dybbøl" (3. udgave), 2008 side 248.

18: Buderup kirkebog tilgangsliste og afgangsliste 1864-1872. Solbjerg kirkebog fødte 1875-1880 og viede 1875. Folketælling Solbjerg 1880-1801. Folketælling Kongerslev 1916. Kongerslev kirkebog døde 1920. (Hushandel) Aalborg Stiftstidende, 17. januar 1901 side 4.

19: (Bertel nekrolog) Aalborg Stiftstidende, 28. august 1920 side 7.

Hjemmefra og ud at tjene

1: Buderup kirkebog døde 1866 og viede 1867.

2: Lønnings- og Pensionsdepartementet, Enkeforsørgelseskontoret: Sager vedr. tildelig af hædersgaven 1864. Generalstaben : "Den Dansk-Tyske Krig 1864 bind 3", 1892 side 165-268.

3: Laurs Christian Henriksen var fadder ved dåb både hos mange lokale og fast hos Bertels-Peter og Maren, derudover opkaldte sidstnævnte en søn efter ham.

4: Øster Hornum kirkebog Konfirmerede 1867. Lægdsrulle tilgang Buderup 1865. Lægdsrulle tilgang Hornum 1866. Lægdsrulle hovedrulle Buderup 1869.

5: Buderup kirkebog afgangsliste 1870. Solbjerg kirkebog fødte 1871, viede 1871 og døde 1926. Folketælling Solbjerg 1880-1901.

6: Historien om Maren blev "forførte" fortalte Stryge-Trine sit barnebarn Daniel Pedersen om under et besøg i 1950, som han dengang skrev ned - jeg har en kopi af hans genfortælling.

7: Historien om Byrsted-Mette fortalte Stryge-Trine sit barnebarn Daniel Pedersen om under et besøg i 1950, som han dengang skrev ned - jeg har en kopi af hans genfortælling.

8: Folketælling Gundersted 1834-1855. Store Ajstrup kirkebog fødte 1821, tilgangsliste 1836 og afgangsliste 1837. Gundersted kirkebog konfirmerede 1836 og afgangsliste 1836. Blære kirkebog afgangsliste 1836.

9: I kirkebog og jordmoderprotokol står kun by og sogn - ikke præcis adresse for morens ophold og fødsel. Vi ved derfor kun Maren fødte i Sørup.

10: Veggerby kirkebog fødte 1818. Folketælling Veggerby 1834-1890. Folketælling Års 1787-1850.

Fod under eget bord

1: Buderup kirkebog fødte 1872.

2: Marens fald og hendes forældres sorg fortalte Stryge-Trine sit barnebarn Daniel

Pedersen om under et besøg i 1950, som han dengang skrev ned - jeg har en kopi af hans genfortælling.

3: Buderup kirkebog viede 1873. Th. Johansen : "Af Aarestrup Sogns Historie" i tidsskriftet Fra Himmerland og Kjær Herred, 1933-35 side 406-407. Folketælling Aarestrup 1880 og frem.

4: Bertels-Peters mor befalede ham at gifte sig med Maren fortalte Stryge-Trine sit barnebarn Daniel Pedersen om under et besøg i 1950, som han dengang skrev ned - jeg har en kopi af hans genfortælling.

5: Buderup kirkebog viede 1873.

6: Buderup kirkebog fødte 1874. NB: Ved Mette Margrethes fødsel oplyses at forældrene bor i kirkehuset. Billedtekst til B4025 Lokalhistorisk Arkiv for den tidligere Støvring Kommune. Aarestrup kirkebog konfirmerede 1881. NB: Jens er af ukendt grund ikke opført nogen steder i folketællingen 1880, men har med rimelig sikkerhed da været hos sin mor og stedfar. Hvornår de præcis tog Jens til sig, er der ikke kilder på.

7: Buderup kirkebog fødte 1874. Folketælling Buderup 1860, Hals 1870, Gravlev 1880-1890. Buderup kirkebog afgangsliste 1863. Gravlev kirkebog døde 1897.

8: Hans Gjedsted : "...et lille bidrag til Støvrings historie", 1997 side 32-43. Buderup sogn (Støvring) Pante & Skødeprotokoller 1860-1880. Folketælling Buderup 1860-1880.

9: Jan Bak Harder : "Støvring, Fra bondelandsby til stationsby og landevejsby", 1984 side 13-26.

10: Buderup kirkebog tilgangsliste 1873, viede 1874 og døde 1875. Astrup kirkebog viede 1877 og døde 1931. Folketælling Astrup 1880-1930.

11: Buderup kirkebog viede 1876 og fødte 1877. Folketælling Buderup 1880-1890. "80-aarig i Støvring" i Aalborg Stiftstidende, 25. februar 1935.

12: Buderup sogn Pante & Skødeprotokol 21-292 læst 24/1 1880. Matrikelkort Støvring 1865-1892. Højkantkort for Støvring 1840-1899. Lavkantkort for Støvring 1901-1945.

13: Poul Thestrup : "Mark, skilling, kroner og øre, Pengeenheder, priser og lønninger i Danmark i 360 år (1640-1999)", 1999 side 41-42.

14: Buderup sogn (Støvring) Pante & Skødeprotokoller 1880-1882.

Livet på heden

1: Buderup kirkebog døde 1875.

2: Buderup kirkebog fødte 1875-1882. Om Trine hos sin farmor fra hendes barnebarn Ruth Laursen (født Petersen) og Kirsten Mouritsen : "En personlighed" i tidsskriftet Hanen udgivet af Støvring Kommunes Lokalhistoriske Forening, nr. 16 1982 side 102.

3: Buderup kirkebog fødte (faddere) 1870-1900.

4: Familie overleveringen er fra Stryge-Trines barnebarn Ruth Laursen (født Petersen).

5: Hans Gjedsted : "...et lille bidrag til Støvrings historie", 1997 side 34.

6: Marinus Langeland : "Ad sandede veje, en gammel hedebondes liv og minder", 1949 side 45.

7: Marinus Langeland : "Ad sandede veje, en gammel hedebondes liv og minder", 1949 side 5.

8: Evald Tang Kristensen :"Minder og oplevelser" bind 4, 1928 side 228.

9: Evald Tang Kristensen : "Minder og oplevelser" bind 4, 1928 side 228.

10: Agnes Bruun : "Juelstrup Præstegaard" i tidsskriftet Hanen udgivet af Støvring Kommunes Lokalhistoriske Forening, nr. 63 2006 side 6.

11: Historien fortalte Stryge-Trine sit barnebarn Daniel Pedersen om under et besøg i 1950, som han dengang skrev ned - jeg har en kopi af hans genfortælling.

12: Kjeld Hansen: "Juelstrup sø er på vej tilbage som livfuldt område", 2011 som PDF på dettabteland.dk. Th. Johansen : "Da Juelstrup sø blev tørlagt" i tidsskriftet Hanen udgivet af Støvring Kommunes Lokalhistoriske Forening, nr. 68 2009 side 4-5.

13: Søren Peter Sørensen : "Tørvegravning i Hæsum Mose i 1920'erne" fra hans erindringer, Lokalhistorisk Arkiv for den tidligere Støvring Kommune, side 1-2. Asta Bundgaard Jørgensen : "Bytur til Støvring" i tidsskriftet Hanen udgivet af Støvring Kommunes Lokalhistoriske Forening, nr. 30 1990 side 174.

14: Peter L. Kvist : "Tørv" i tidsskriftet Hanen udgivet af Støvring Kommunes Lokalhistoriske Forening, nr. 66 2008 side 54.

15: Historien fortalte Stryge-Trine sit barnebarn Daniel Pedersen om under et besøg i 1950, som han dengang skrev ned - jeg har en kopi af hans genfortælling.

En hård mand

1: Historien fortalte Stryge-Trine sit barnebarn Daniel Pedersen om under et besøg i 1950, som han dengang skrev ned - jeg har en kopi af hans genfortælling.

2: Historien om drukgildet er fortalt af Stryge-Trine til hendes barnebarn Ruth Laursen (født Petersen). Præst og gravers udtalelser til samme Ruth i forbindelse Stryge-Trines begravelse. Peter Oue Pedersen fortalte mig om Bertels-Peter var hård mand under et besøg i 1992. Kirsten Mouritsen : "En personlighed" i tidsskriftet Hanen udgivet af Støvring Kommunes Lokalhistoriske Forening, nr. 16 1982 side 101.

Bjergfolk, varsler og fanden

1: Annagrethe : "Naar Stryge-Trine besøger nationalmuseet" i Aalborg Stiftstidende, 21. januar 1951 s. 3.

2: Evald Tang Kristensen :"Minder og oplevelser" bind 4, 1928 side 132-133. Palle Ove Christensen: "De forsvundne hedens sidste fortællere", 2011 side 210-211.

3: Buderup kirkebog fødte 1855-1866 (faddere). NB: Peder Christian Bertelsen (Bojer-Peder) kom til Sørup i 1855, mens Peder Bertelsen (Bertels-Peders far) døde i 1866.

4: Evald Tang Kristensen :"Minder og oplevelser" bind 4, 1928 side 132-133. Johs. E. Tang Kristensen: "Om gamle Folks villighed til at fortælle for mig" fra Jysk

Stævne ved Jeppe Aakjær, 1922, bragt i "Evald Tang Kristensen 1843-1943 En samling Artikler og en Bibliografi", 1943 side 15-17. NB: I sidstnævnte kilde fra 1922 står, den besøgte var Peder Simonsen. Det er modstrid med den førstnævnte kilde fra 1928, hvor der står, det er Peder Bertelsen. I førstnævnte kilde står, at han først møder Peder Simonsen senere, og i sidstnævnte kilde står, det er Bojer-Peder og denne er vejmand. Dermed ved vi med sikkerhed, at besøgte var Peder Bertelsen (Bojer-Peder).

5: Evald Tang Kristensen : "Danske Sagn, som de har lydt i Folkemunde" Bind 6, 1900 nr. 325.

6: Evald Tang Kristensen : "Danske Sagn, som de har lydt i Folkemunde" Bind 6, 1900 nr. 1056.

7: "Den Store Danske" på denstoredanske.lex.dk og "Ordbog over det danske Sprog" på ordnet.dk om Bjergfolk.

8: Evald Tang Kristensen : "Danske sagn, som de har lydt i folkemunde Ny række" Bind 1, 1928 nr. 317.

9: "Ordbog over det danske Sprog" på ordnet.dk om Skoldekage/Skoldekage

10: Evald Tang Kristensen : "Danske sagn, som de har lydt i folkemunde Ny række" Bind 1, 1928 nr. 157.

11: Evald Tang Kristensen : "Danske sagn, som de har lydt i folkemunde Ny række" Bind 1, 1928 nr. 144.

12: Evald Tang Kristensen : "Danske Sagn, som de har lydt i Folkemunde" Bind 6, 1900 nr. 85.

13: Evald Tang Kristensen : "Danske Sagn, som de har lydt i Folkemunde" Bind 6, 1900 nr. 56.

14: Evald Tang Kristensen : "Danske Sagn, som de har lydt i Folkemunde" Bind 6, 1900 nr. 57.

15: Evald Tang Kristensen : "Danske Sagn, som de har lydt i Folkemunde" Bind 6, 1900 nr. 178.

16: Evald Tang Kristensen : "Danske sagn, som de har lydt i folkemunde Ny række" Bind 1, 1928 nr. 855.

17: Evald Tang Kristensen : "Danske sagn, som de har lydt i folkemunde Ny række" Bind 2, 1928 nr. 388.

18: Evald Tang Kristensen : "Danske Sagn, som de har lydt i Folkemunde" Bind 6, 1900 nr. 1057.

19: Evald Tang Kristensen : "Danske Sagn, som de har lydt i Folkemunde" Bind 6, 1900 nr. 1161.

20: Evald Tang Kristensen : "Danske Sagn, som de har lydt i Folkemunde" Bind 7, 1901 nr. 966.

21: Evald Tang Kristensen : "Danske Sagn, som de har lydt i Folkemunde" Bind 6, 1900 nr. 1018.

22: Trine og Lauritz som fortællere er fra Stryge-Trines børnebørn Ruth Laursen (født Petersen) og Daniel Pedersen, der begge har talt med og oplevet dem.

Energisk og videbegærligt barn

1: Stryge-Trine og hendes farmor er fra hendes barnebarn Ruth Laursen (født Petersen). Kirsten Mouritsen, "En personlighed" i tidsskriftet Hanen udgivet af Støvring Kommunes Lokalhistoriske Forening 1982 side 101.

2: Kirsten Mouritsen, "En personlighed" i tidsskriftet Hanen udgivet af Støvring Kommunes Lokalhistoriske Forening 1982 side 101.

3: Annagrethe, "Naar Stryge-Trine besøger nationalmuseet" i Aalborg Stiftstidende 21. januar 1951 side 3.

4: Gravlev kirkebog konfirmerede 1887.

5: Stryge-Trines tid i Aalborg er fra hendes barnebarn Ruth Laursen (født Petersen).

6: Folketælling Buderup 1801. Hans Gjedsted : Et bidrag til Støvring kros historie 1722-1992 i tidsskriftet Fra Himmerland og Kjær Herred 1989 side 86-90.

Et halvt pund chokolade

1: Hans Gjedsted : "...et lille bidrag til Støvrings historie", 1997 side 10 og 35.

2: Giver kirkebog fødte 1808. Folketælling Giver 1840. Højkantkort for Giver 1840-1899. Vokslev kirkebog fødte 1857. Buderup kirkebog fødte 1867. Folketælling Buderup 1890-1911.

3: Jens Martinus Jensen og væddemålet er fra Stryge-Trines børnebørn Ruth Laursen (født Petersen), Daniel Pedersen og Lea Holm (født Pedersen) - sidst-nævnte overleveret til hendes datter Lydia Holm.

4: Stryge-Trines sygeleje efter fødsel fra hendes barnebarn Lea Holm (født Peder-sen) - overleveret til hendes datter Lydia Holm.

5: Buderup kirkebog fødte 1892.

6: Stryge-Trines forhold til datteren Martine er fra barnebarn Ruth Laursen (født Petersen), som havde den fra sin mor Martine Pedersen.

7: Jens Martinus liv fortalte Stryge-Trine sit barnebarn Daniel Pedersen om under et besøg i 1950, som han dengang skrev ned - jeg har en kopi af hans genfor-tælling.

8: Alle kilder til Jens Martinus Jensens liv vil fremgå af den kommende bog "Skjøt-Jens".

9: Historien om Australien Peter fra Peter Oue Pedersen, Suldrup.

10: Historien om Stryge-Trines forhold til familien Porsborg er fra Stryge-Trines barnebarn Ruth Laursen (født Petersen).

11: "Præmieforeningen for Hornum og Fleskum Herreder til Belønning af tyende for lang og tro tjeneste" Beretninger for 1896 og 1890.

12: Helge Søgaard og Helge Qvisttoff : "Den store bog om Lindenborg å", 2019 si-de 78.

Fransk vask og strygning

1: Folketælling Gravlev 1850-1906. J. A. Bundgård : "Bondedreng i Ersted 1864-1880, Erindringer af billedhugger A. J. Bundgaard" i tidsskriftet Fra Himmerland og Kjær Herred, 1962 side 90.

2: Stryge-Trines kærlighed til lokal natur og ophold som medhjælp i et strygeri i Skørping er fra barnebarnet Ruth Laursen (født Petersen) og postkort til Stryge-Trine fra datteren Martine. Strygerier er fra Danmarks Statistik : Statistisk Aarbog 1908 side 58.

3: "Et jubilæum i Støvring" Aalborg Stiftstidende, 30. april 1933 side 11. Titulering og omtale af Stryge-Trines lille virksomhed er taget fra postkort og breve til hende.

4: Buderup kirkebog fødte 1874. Gravlev kirkebog fødte 1844.

5: Buderup kirkebog fødte 1894. Folketælling Buderup 1901-1906. NB: At gårdmænd og deres gårdmandssønner ikke ville have deres navne frem ved uægte børn kan der læses om bl.a. i Michael Christensen erindringer på "danmarkshistorien.dk".

6: Buderup kirkebog døde 1900. Folketælling Buderup 1890-1916. Hornum-Fleskum Herredsfoged Skøde- og panteprotokol (Støvring) 1908 og 1909. Robert Nielsen : "Jernbanegades historie del 1 " i tidsskriftet Barn af Himmerland, 1999 side 54.

7: Annagrethe : "Naar Stryge-Trine besøger nationalmuseet" i Aalborg Stiftstidende, 21. januar 1951 side 3. Stryge-Trines lejlighed som oplevet af barnebarn Ruth Laursen (født Petersen).

8: Jan Bak Harder : "Pionererne i Støvring" i tidsskriftet Nyt fra stationsbyen 7, 1985 side 50-51. Stryge-Trines vask er fra Stryge-Trines barnebarn Ruth Laursen (født Petersen). Asta Bundgaard Jørgensen : "Bytur til Støvring" i tidsskriftet Hanen udgivet af Støvring Kommunes Lokalhistoriske Forening, nr. 30, 1990 side 175.

Martine og den vide verden

1: Martines som barn og hendes citat om Støvrings bønder er fra hendes datter Ruth Laursen (født Petersen), som har det fra Martine selv.

2: Folketælling Aarestrup 1901. Skolebilledet med Martine fra Aarestrup skole. Martines omtale af plejeforældre er fra et postkort fra Martine til sin mor.

3: Folketælling Øster Hornum 1906. Øste Hornum kirkebog konfirmerede 1906.

4: Martines skudsmålsbog, hvis to sider med pladser jeg har i fotokopi. NB: Dorthe Jensen skriver i skudsmålsbogen, Martine har tjent dem fra november 1905 til november 1907. Dette tidsrum er ikke korrekt, da Martine i 1906 i både folketælling i februar og kirkebog i september var på Hæsum mark. Tager man den ukorrekte tidsangivelse alvorlig medfører det yderligere et hul på to år mellem pladsen på Hæsum mark og den efterfølgende i Middelfart - som en skudsmålsbog ikke må have. Dorthea Jensen datering af underskrift til november 1910 peger til gengæld på, tidsrummet rettelig skulle være 1908 til 1910.

5: Peter Storm "Sådan så Middelfart Sindssygeanstalt ud i 1888: - Der er ikke mange, der i dag kan forestille sig det" artikel i Melfar Posten 6. august 2019 side 20-21. Folketælling Middefart 1906. Martines skudsmålsbog, hvis to sider med pladser jeg har i fotokopi. Martines arbejde i Middelfart yderligere fra hendes datter Ruth Laursen (født Petersen), som har det fra Martine selv.

6: Martines ungdomsoplevelser og forhold til Aakjærsange er fra hendes datter Ruth Laursen (født Petersen), som har det fra Martine selv.

7: Martines der banker en drilagtig karl er fra hendes døtre Ruth Laursen (født Petersen) og Debora Blytner (født Petersen), som har det fra Martine selv.

8: Martines skudsmålsbog, hvis to sider med tjenestepladser jeg har i fotokopi.

9: Martines tid i Horsens er fra hendes datter Ruth Laursen (født Petersen), som har det fra Martine selv.

10: Politiets registerblade og Kraks vejviser 1913 - 1916. Martines arbejde i København er derudover fra hendes datter Ruth Laursen (født Petersen), som har det fra Martine selv.

11: Jerusalemkirkens kirkebog viede 1916. Politiets registerblade 1916. Folketælling for Nordre Frihavnsgade København 1921. Jerusalemkirkens kirkebog fødte 1918 og 1926. Sankt Jakobs kirkebog fødte 1919 og 1922. Folketælling Hvidovre 1930. Hvidovre kirkebog fødte 1926 og 1931. Hvidovre sogn Pante & Skødeprotokoller 1925. Martines under den Spanske syge fra hendes datter Ruth Laursen (født Petersen), som har det fra Martine selv.

12: Bondemål er fra Martines datter Debora Blytner (født Pedersen).

13: Livet i Hvidovre er fra Martines datter Ruth Laursen (født Petersen).

14: Bolsjekøb er fra Martines datter Lea Holm (født Pedersen) - overleveret til hendes datter Lydia Holm.

15: Hvidovre kirkebog døde 1947. Martines sygeforløb er fra hendes datter Ruth Laursen (født Petersen).

Stærke kvinder og familiebånd

1: Kirsten Mouritsen : "En personlighed" i tidsskriftet Hanen udgivet af Støvring Kommunes Lokalhistoriske Forening, 1982 side 101.

2: Aarestrup kirkebog døde 1884 og 1894. Folketælling Aarestrup 1880 og 1890.

3: Buderup kirkebog døde 1866, 1895 og 1903. Folketælling Buderup 1880, 1890 og 1901. Hornum-Fleskum Herredsfoged Skøde- og panteprotokol (Sørup) 1867-1898.

4: Buderup kirkebog døde 1909. Folketælling Buderup 1901. Hornum-Fleskum Herredsfoged Skøde- og panteprotokol (Støvring) 1903-1905.

5: Buderup kirkebog døde 1924. Folketælling Buderup 1906-1921. Hornum-Fleskum Herredsfoged Skøde- og panteprotokol (Støvring) 1905-1918. Marens sidste år fra Stryge-Trines barnebarn Ruth Laursen (født Petersen).

6: Volsted kirkebog viede 1901. Siem kirkebog viede 1928 og døde 1925 og 1967. Folketælling Volsted 1901. Folketælling Siem 1906-1930. "Personalia" (Laurits 70 år) i Aalborg Stiftstidende, 17. november 1949 side 11. Lauritz's liv er fra Stryge-

Trines børnebørn Ruth Laursen (født Petersen) og Daniel Pedersen. NB: I folketælling Volsted 1901 er Lauritz fødested forkert, men fødselsdato rigtig, så det er Lauritz!

7: Elias sogn (København) kirkebog døde 1958. Annagrethe : "Naar Stryge-Trine besøger nationalmuseet" i Aalborg Stiftstidende, 21. januar 1951 side 3. Postkort fra Mitte i Berlin til Stryge-Trine. Mittes liv er fra Stryge-Trines børnebørn Ruth Laursen (født Petersen) og Lea Holm (født Pedersen) - sidstnævnte overleveret til hendes datter Lydia Holm.

8: Sankt Hans (Odense) viede 1898. Folketællinger for Odense købstad 1901, Glamsbjerg 1911 og Flemløse 1916-1940. Stryge-Trines ønske at se Lauritz og Peder er fra barnebørnene Ruth Laursen (født Petersen) og Lea Holm (født Pedersen) - sidstnævnte overleveret til hendes datter Lydia Holm.

9: Buderup kirkebog døde 1896. Folketælling Svenstrup 1880. Lægdsruller tilgang Hornum 1884, Svenstrup 1888, Hornum 1890, Lille Vorde 1893, Hornum 1894 og Lille Vorde 1896. Stryge-Trines forhold til niecen Olga i Hobro fra Trines barnebarn Ruth Laursen (født Petersen).

10: Th. Johansen, "Af Aarestrup Sogns Historie" i tidsskriftet Fra Himmerland og Kjær Herred 1933-35 side 406.

11: Den alternative familiereaktionen er fra Stryge-Trines fætter Peter Oue Pederen i Suldrup.

12: Aarestrup kirkebog døde 1922 og 1924. Folketælling Aarestrup 1880-1921. NB: Foto fra Aarestrup skole i kapitlet "Martine og den vidde verden" viser, at hun gik i skole her.

13: Buderup kirkebog viede 1881, fødte 1881-1899, døde 1931 og 1945. Folketælling Buderup 1890-1930. Historier om Maren er fra Stryge-Trines barnebarn Ruth Laursen (født Petersen).

14: "80-aarig i Støvring" i Aalborg Stiftstidende, 25. februar 1935

15: Buderup kirkebog døde 1924 og 1943. Hornum-Fleskum Herredsfoged Skøde- og panteprotokol (Støvring) 1907. "Et sjældent Jubilæum" i Aalborg Stiftstidende, 30. september 1926 side 5. "80-aarig i Støvring" i Aalborg Stiftstidende, 25. februar 1935. "Julles´s Fødselsdag" i Aalborg Stiftstidende, 28. februar 1940 side 8. "Dødsannonce" i Aalborg Stiftstidende, 24. december 1943 side 10. Historier om Julle er fra Stryge-Trines børnebørn Ruth Laursen (født Petersen) og Lea Holm (født Pedersen) - sidstnævnte overleveret til hendes datter Lydia Holm. Jan Bak Harder : "Støvring, Fra bondelandsby til stationsby og landevejsby", 1984 side 40-41.

16: Folketælling Aarestrup 1860-1901. Th. Johansen, "Af Aarestrup Sogns Historie" i tidsskriftet Fra Himmerland og Kjær Herred 1933-1935 side 406.

17: Aarestrup kirkebog fødte 1883-1903 og viede 1882. Jens Randers : "Om det gamle Aarestrup Sogn i 500 år", 2010 side 7, 65, 104 og 162.

18: Aarestrup kirkebog viede 1914. Suldrup kirkebog fødte 1915-1919, døde 1960 og 1972. Familien Oues liv og besøget hos Stryge-Trine er fra Peter Oue Pedersen.

19: Aarestrup kirkebog fødte 1880 og 1887. Folketælling Aarestrup 1901 og Veggerby 1921. Lokalhistorisk Arkiv for den tidl. Støvring Kommune B7029 (felt beskrivelse), 1917. Maren der bestemte er fra Peter Oue Pedersen og Stryge Trines oldebarn Samuel Lauersen.

20: Feriebarn på Taudalsgård fra Stryge Trines oldebarn Samuel Lauersen.

Livet i Gaden

1: Robert Nielsen : "Jernbanegades historie del 1" i tidsskriftet Barn af Himmerland, 1999 side 39. Jan Bak Harder : "Støvring, Fra bondelandsby til stationsby og landevejsby", 1984. side 56, 64 og 71.

2: Folketællinger for Buderup 1911-1940. (Annonce) Aalborg Stiftstidende, 18. oktober 1924 side 10. Asta Bundgaard Jørgensen : "Bytur til Støvring" i tidsskriftet Hanen udgivet af Støvring Kommunes Lokalhistoriske Forening, nr. 30, 1990 side 175.

3: Robert Nielsen : "Jernbanegades historie del 2" i tidsskriftet Barn af Himmerland, 2001 side 49-50. Asta Bundgaard Jørgensen : "Bytur til Støvring" i tidsskriftet Hanen udgivet af Støvring Kommunes Lokalhistoriske Forening, nr. 30, 1990 side 173.

4: Robert Nielsen : "Jernbanegades historie del 2" i tidsskriftet Barn af Himmerland, 2001 side 54-55. Jan Bak Harder : "Støvring, Fra bondelandsby til stationsby og landevejsby", 1984. side 52-54. Tatol på "danmarksarkiv.dk".

5: Robert Nielsen : "Jernbanegades historie del 2" i tidsskriftet Barn af Himmerland, 2001 side 55.

6: Robert Nielsen : "Jernbanegades historie del 2" i tidsskriftet Barn af Himmerland, 2001 side 56-57. Jan Bak Harder : "Støvring, Fra bondelandsby til stationsby og landevejsby", 1984. side 57-58.

7: Robert Nielsen : "Jernbanegades historie del 1" i tidsskriftet Barn af Himmerland, 1999 side 40-42. Jan Bak Harder : "Støvring, Fra bondelandsby til stationsby og landevejsby", 1984 side 60.

8: Jan Bak Harder : "Støvring, Fra bondelandsby til stationsby og landevejsby", 1984 side 46-48, 50 og 53.

9: Robert Nielsen : "Jernbanegades historie del 1" i tidsskriftet Barn af Himmerland, 1999 side 44. Jan Bak Harder : "Støvring, Fra bondelandsby til stationsby og landevejsby", 1984. side 67. Asta Bundgaard Jørgensen : "Bytur til Støvring" i tidsskriftet Hanen udgivet af Støvring Kommunes Lokalhistoriske Forening, nr. 30, 1990 side 175.

10: Robert Nielsen : "Jernbanegades historie del 1" i tidsskriftet Barn af Himmerland, 1999 side 44. Asta Bundgaard Jørgensen : "Bytur til Støvring" i tidsskriftet Hanen udgivet af Støvring Kommunes Lokalhistoriske Forening, nr. 30, 1990 side 175.

11: Robert Nielsen : "Jernbanegades historie del 1" i tidsskriftet Barn af Himmerland, 1999 side 47-48.

12: Robert Nielsen : "Jernbanegades historie del 1" i tidsskriftet Barn af Himmerland, 1999 side 57. Robert Nielsen : "Jernbanegades historie del 2" i tidsskriftet Barn af Himmerland, 2001 side 70.

13: Lokalhistorisk Arkiv for den tidligere Støvring kommune : "Støvring Højskole - tyske soldater indkvarteret". Lokalhistorisk Arkiv for den tidligere Støvring Kommune B14119. Annalise Jensine Hansen : "Erindringer. Hovedsageligt barndom og ungdom på Tranten og i Øster Hornum" 2013 side 7.

14: Niels Nørgaard Nielsen : "Da Hammer og Segl vajede over Hobrovej". Lokalhistorisk Arkiv for den tidligere Støvring kommune : "Støvring Højskole, flygtningelejr i 1945".

Kartofler og frikadeller

1: Stryge-Trine ofte stegte frikadeller og kogte kartofler er fra Stryge-Trines barnebarn Ruth Laursen (født Petersen), som hun oplevede det som feriebarn.

2: Annagrethe : "Naar Stryge-Trine besøger nationalmuseet" i Aalborg Stiftstidende, 21. januar 1951 side 3.

3: Jan Bak Harder : "Støvring, Fra bondelandsby til stationsby og landevejsby", 1984 side 43, 65-57 og 64. Jan Bak Harder : "Pionererne i Støvring" i tidsskriftet Nyt fra stationsbyen 7, 1985 side 50. Annagrethe : "Naar Stryge-Trine besøger nationalmuseet" i Aalborg Stiftstidende, 21. januar 1951 side 3. Stryge-Trine hentede vand op i lejligheden til det sidste fra Stryge-Trines barnebarn Ruth Laursen (født Petersen) og oldebarn Samuel Lauersen. Stryge-Trines forhold til radio fra Stryge-Trines barnebarn Ruth Laursen (født Petersen).

4: Stryge-Trine og hospital er fra barnebarnet Ruth Laursen (født Petersen) og et postkort til hende fra datteren Martine.

5: Annagrethe : "Naar Stryge-Trine besøger nationalmuseet" i Aalborg Stiftstidende, 21. januar 1951 side 3. Beskrivelsen af Stryge-Trine er fra hendes barnebarn Ruth Laursen (født Petersen).

6: Historien om nabokonen er fortalt af Stryge-Trines barnebarn Lea Holm (født Pedersen) - overleveret til hendes datter Lydia Holm.

7: (Trine 80 år) Aalborg Stiftstidende, 20. marts 1953 side 8.

8: Historien om præsten er fra Stryge-Trines børnebørn Ruth Laursen (født Petersen) og Lea Holm (født Pedersen) - sidstnævnte overleveret til hendes datter Lydia Holm.

9: Annagrethe : "Naar Stryge-Trine besøger nationalmuseet" i Aalborg Stiftstidende, 21. januar 1951 side 3. Kirsten Mouritsen, "En personlighed" i tidsskriftet Hanen udgivet af Støvring Kommunes Lokalhistoriske Forening 1982, nr. 16, side 101.

10: Stryge-Trines interesser er fra barnebarnet Ruth Laursen (født Petersen). Annagrethe : "Naar Stryge-Trine besøger nationalmuseet" i Aalborg Stiftstidende, 21. januar 1951 side 3.

11: Folketælling Buderup 1901-1906 og 1930. Volsted viede 1923. Buderup kirkebog fødte 1924 og 1927. Asta Bundgaard Jørgensen : "Bytur til Støvring" i tidsskriftet Hanen udgivet af Støvring Kommunes Lokalhistoriske Forening 1982, nr. 30, 1990 side 175.

12: Asta Bundgaard Jørgensen : "Pigefødselsdag" i tidsskriftet Hanen udgivet af Støvring Kommunes Lokalhistoriske Forening 1982, nr. 30, 1990 side 177-178.

De Gamles Hjem

1: Historien om damerne på bænken fra John Hardy Nielsen på Lokalhistorisk Arkiv for den tidligere Støvring Kommune.

2: Folketællinger Buderup 1950. Jan Bak Harder : "Støvring, Fra bondelandsby til stationsby og landevejsby", 1984 side 61 og 73. (Sparekasses køb af Thildes hus) Aalborg Stiftstidende, 28. oktober 1948 side 5. Mødet hos Stryge-Trine fra Johs. Andersen, som havde butik Jernbanegade 7.

3: Annagrethe : "Naar Stryge-Trine besøger nationalmuseet" i Aalborg Stiftstidende, 21. januar 1951 side 3.

4: Niels Nørgaard Nielsen : "Historien bag det gamle rådhus i Støvring" i Vores Avis 9. marts 2015. Lokalhistorisk Arkiv for den tidl. Støvring Kommune, A762, arkivkasse 006-1990 De gamles Hjem - Medlemsrelateret materiale. 7 1949 Beboere, indflytning og død. 1949 til 1964. Hornum-Fleskum Herredsfoged Skøde- og panteprotokol (Støvring) 1963. Buderup kirkebog døde 1965. NB: Da Stryge-Trines barnebarn Daniel Pedersen besøgte hende i 1950, boede hun i kvistlejligheden, mens Botilde Bundgaard i 1963 ifølge Hans Krabsen da boede i kvistlejligheden.

5: (Trine 80 år) Aalborg Stiftstidende, 20. marts 1953 side 8. Stryge-Tines liv på De gamles hjem fra barnebarnet Ruth Laursen (født Petersen).

6: (Trine 80 år) Aalborg Stiftstidende, 20. marts 1953 side 8. Th. Johansen : "Af Aarestrup Sogns Historie" i tidsskriftet Fra Himmerland og Kjær Herred, 1933-35 side 407 omtaler Bertels-Anders som Anders Pedersen Bertelsen.

7: Stryge-Trines sidste dage fra børnebørnene Ruth Laursen (født Petersen) og Lea Holm (født Pedersen) - sidstnævnte overleveret til hendes datter Lydia Holm.

8: (Trine nekrolog) Aalborg Stiftstidende, 17. maj 1953 side 11. Stryge-Trines begravelse fra barnebarnet Ruth Laursen (født Petersen).

Litteratur

Agnes Bruun : "Juelstrup Præstegaard" i tidsskriftet Hanen udgivet af Støvring Kommunes Lokalhistoriske Forening, nr. 63 2006.

Alfred I. Gregersen : "Den første skole i Sørup. 1740-1752" i tidsskriftet Hanen udgivet af Støvring Kommunes Lokalhistoriske Forening, nr. 57 2003.

Annagrethe : "Naar Stryge-Trine besøger nationalmuseet" i Aalborg Stiftstidende, 21. januar 1951.

Annalise Jensine Hansen : "Erindringer. Hovedsageligt barndom og ungdom på Tranten og i Øster Hornum", 2013 som PDF på oester-hornum.dk

Asta Bundgaard Jørgensen : "Bytur til Støvring" i tidsskriftet Hanen udgivet af Støvring Kommunes Lokalhistoriske Forening, nr. 30 1990.

Asta Bundgaard Jørgensen : "Pigefødselsdag" i tidsskriftet Hanen udgivet af Støvring Kommunes Lokalhistoriske Forening, nr. 30 1990.

Benjamin T. Christensen : "Det havde været mord" i tidsskriftet Fra Himmerland og Kjær Herred, 2009.

Dan Ersted Møller : "Erindringer fra en krig" i Viborg Bogen, 2004.

Dansk Slægtshistorie : "Slægtsbog, Anetavle for Anders Bertelsen og Else Marie Nielsdatter. Efterkommere efter Anders Bertelsen og Else Marie Nielsdatter", 1969.

Dansk Slægtsforskning : "Slægtsbog for efterkommere efter Jørgen Jensen født 1816, gårdejer på Sørup Hede. Buderup Sogn, og hustru Ane Sørensdatter, deres forfædre og efterkommere", 1973.

D. H. Wulff : "Egholm Slot og Teglgaard. Buderupholm" i tidsskriftet Samlinger til Jysk Historie og Topografi, VII Bind 1878-79.

Erik F. Rønnebech : "Fredericia 1864", 2017 på fredericiashistorie.dk.

Evald Tang Kristensen : "Danske Sagn, som de har lydt i Folkemunde, udelukkende efter utrykte Kilder", Bind 1-7 1892-1901.

Evald Tang Kristensen : "Danske sagn, som de har lydt i folkemunde Ny række", Bind 1-7 1928-39.

Evald Tang Kristensen : "Minder og oplevelser", bind 1-4 1923-28.

Generalstaben : "Den Dansk-Tyske Krig 1864", bind 1-3 1890-92.

H. Holbøll : "En brigadegenerals erindringer krigen 1864", 1912.

Hans Gjedsted : "...et lille bidrag til Støvrings historie", 1997.

Hans Gjedsted : "Et bidrag til Støvring kros historie 1722-1992" i tidsskriftet Fra Himmerland og Kjær Herred, 1989.

Helge Søgaard og Helge Qvisttoff : "Den store bog om Lindenborg å", 2019.

Henrik Gjøde Nielsen : "Støvring Kirke", 2007.

J. Christensen og J. C. Christensen : "En menig Soldats Optegnelser fra Krigen 1864" i tidsskriftet Fra Ribe Amt, 1940.

J. Jacobsen (samlet og udgivet af) : "Veteranhistorier fra 1864", 1914

J. P. Trap : "Kongeriget Danmark", (3 udgave) bind 4 del 1, 1906.

Jan Bak Harder : "Støvring, Fra bondelandsby til stationsby og landevejsby", 1984.

Jan Bak Harder : "Pionererne i Støvring" i tidsskriftet Nyt fra stationsbyen 7, 1985.

Jens Randers : "Om det gamle Aarestrup Sogn i 500 år", 2010

Johs. E. Tang Kristensen : "Evald Tang Kristensen 1843-1943 En samling Artikler og en Bibliografi", 1943.

Kirsten Mouritsen : "En personlighed" i tidsskriftet Hanen udgivet af Støvring Kommunes Lokalhistoriske Forening, nr. 16 1982.

Kjeld Hansen: "Juelstrup sø er på vej tilbage som livfuldt område", 2011 PDF på dettabteland.dk.

Lars Lindeberg : Artikelserie i BT om 1864-krigens daglige hændelser i anledning af 100-årsdagen, 1964.

Lisbeth Sollok : "Frands Mortensen, soldat ved 8. brigade, 20. regiment, 1. bataljon, 2. kompagni, menig nr. 357 – Krigen 1864" som PDF på sollok.dk.

Lokalhistorisk Arkiv for den tidligere Støvring kommune : "Støvring Højskole, flygtningelejr i 1945" som PDF på stoevringlokalarkiv.dk.

Lokalhistorisk Arkiv for den tidligere Støvring kommune : "Støvring Højskole - tyske soldater indkvarteret" som PDF på stoevringlokalarkiv.dk.

Marinus Langeland : "Ad sandede veje, en gammel hedebondes liv og minder", 1949.

Niels Nørgaard Nielsen : "Da Hammer og Segl vajede over Hobrovej" som PDF på stoevringlokalarkiv.dk.

Niels Nørgaard Nielsen : "Historien bag det gamle rådhus i Støvring" i Vores Avis 9. marts 2015.

Otto Olsen : "Med 20. bataillon, Himmerlandske Jægerkorps over Ekernförde - Dannevirke - Isted - Kolding - Dybbøl - Nyborg", 1956

P. M. Kr. Lundsgaard : "Ved Lundby den 3. juli 1864 efter øjenvidners beretning" i tidsskriftet Fra Himmerland og Kjær Herred, 1912.

Palle Ove Christensen: "De forsvundne hedens sidste fortællere", 2011.

Peter L. Kvist : "Tørv" i tidsskriftet Hanen udgivet af Støvring Kommunes Lokalhistoriske Forening, nr. 66 2008.

Peter Riismøller : "En himmerlandsbog", 1988

Peter Riismøller : "Sultegrænsen", (2. udgave) 1985.

Peter Storm "Sådan så Middelfart Sindssygeanstalt ud i 1888: - Der er ikke mange, der i dag kan forestille sig det" artikel i Melfar Posten 6. august 2019.

Poul Christensen : "Skolegang i Aarestrup for godt 150 år siden" i Hanen udgivet af Støvring Kommunes Lokalhistoriske Forening, nr. 44 1996.

Rasmus Sandvig Brask : "Så voldsomt var Dybbøl-bombardementet" i Jyllands-Posten den 2. april 2014.

Robert Nielsen : "Jernbanegades historie del 1 og del 2" i tidsskriftet Barn af Himmerland, 1999 og 2001.

Simon S. Laursen : "Den endelige kant", 1993 som PDF på simhome.dk

Simon S. Laursen : "Klukflaske, fanden og dynamit", 1994 som PDF på simhome.dk

Simon S. Laursen : "Rejsende i slægten", 1994 som PDF på simhome.dk

Simon S. Laursen : "Smede, Rebilder, Fløer og Hyldegaarder", 1994 som PDF på simhome.dk

Simon S. Laursen : "Stryge-Trine", 1993 som PDF på simhome.dk

Søren Peter Sørensen : "Tørvegravning i Hæsum Mose i 1920'erne" fra hans erindringer, Lokalhistorisk Arkiv for den tidligere Støvring Kommune som PDF på oester-hornum.dk.

Th. Johansen : "Af Aarestrup Sogns Historie" i tidsskriftet Fra Himmerland og Kjær Herred, 1930-40.

Th. Johansen : "Da Juelstrup sø blev tørlagt" i tidsskriftet Hanen udgivet af Støvring Kommunes Lokalhistoriske Forening, nr. 68 2009.

Th. Johansen : "Liegstouwen i Damgaard, Aarestrup" i tidsskriftet Hanen udgivet af Støvring Kommunes Lokalhistoriske Forening, nr. 78 2014.

Th. Johansen : "Om Aarestrup skole i 300 år. 1648 - 11. februar - 1948", 1948.

Th. Larsen : "En ensom kirke fortæller" i tidsskriftet Hanen udgivet af Støvring Kommunes Lokalhistoriske Forening, nr. 1 1973.

Tom Buk-Swienty : "Slagtebænk Dybbøl", (3. udgave) 2008.

Verner Langdahl og Jens Langdahl: "Slægten Madsen fra Ulvkær i Aarestrup Sogn", 2015.

Vilhelm Cohen : "Krigen i 1864 og de faldne minde", 1865.

Aage Olsen : "Skolerne i Sørup 1841-1971" i tidsskriftet Hanen udgivet af Støvring Kommunes Lokalhistoriske Forening, nr. 57 2003.